リスク社会の家族変動

田間泰子

まえがき

　現代の日本社会は，たいへんユニークな状況です。そして，それらの多くが，家族の在り方と深く関係しています。

　例えば，1990 年代以降，大きな社会問題となっている少子高齢化は，世界一です。つまり，人口における子ども（14 歳以下）の割合が世界一少なく，高齢者（65 歳以上）の割合が世界一多い国なのです。また，少子化の主たる原因が未婚化と晩婚化であること，既婚女性が妊娠・出産を機に退職し，その後，非正規雇用される M 字型就労，夫の家事・育児時間が妻に比べて非常に少ないことなどは，先進諸国では見られません。これらすべてが起こっているのは，韓国と日本だけです。一人暮らし（単身世帯）が，今や全世帯の 3 割以上を占めていることも，現代の日本社会の特徴でしょう。

　これらの特徴をもたらした原因は，第二次世界大戦後の日本社会の変動にあります。社会保障制度の確立や，企業での雇用を中心とした労働市場の形成，住宅政策や保健・医療の整備など，社会の近代化が，家族の在り方に影響を与えたのです。

　同時にもう一つ，その時代には家族にかかわる非常に大きな変動がありました。日本国として新しい憲法や民法など，民主主義に基づく法制度が制定されたのです。平等と人権を思想の根幹とする民主主義は，これも近代化の産物です。夫と妻，きょうだい同士といった家族関係における平等は，戦後の社会変動によってもたらされた大きな変化でした。

　また，人権には，個人の自由意志の尊重が重要な要素として含まれています。人々が家族の形成を自由意志で選択すること，これが，戦後の近代化によって制度的に保障されました。もちろん現実には，さまざま

な社会状況が「自由な選択」を不可能にしている場合もありますが，選択の結果に対しては自己責任が問われてしまいます。

　現代は，このような近代の後の時代として，ポスト近代，後期近代，あるいは第二の近代だといわれています。これらの言葉が意味するところは，まず，近代化によってもたらされたものを，私たちが受け継いでいるということです。1946年の日本国憲法に書き込まれた民主主義と人権思想はもちろんのこと，雇用労働が主となった労働市場の在り方，1950年代に作られた生活保護法，そして1960年代に確立された年金制度などの社会保障制度は，現代にも，私たちの人生と家族生活に大きな影響を与えるものとして存在しています。

　しかし，現代社会をあえて「ポスト」「第二の」などと表現するのは，一つには近代において人々が信じた価値観—例えば「進化」や「発展」「明るい未来」—をもはや私たちが信じ難いからです。もう一つには，近代から受け継いだ要素の一部が加速的に発達することで，予想を超えた状況が発生しているからです。その例として，生殖補助技術の普及や，インターネットのような世界規模の情報の流通があります。

　「選択の自由」と，加速する「近代」の遺産。このような状態を，本書では「リスク社会」と位置付け，その中で変動する家族の様相を論じます。読者の皆さんには，家族が社会とともに変動し続けていることを学び，これからの時代の家族をどのように構想すべきなのかを考えていただきたいと思います。

2019年10月

田間泰子

目 次

1 ポスト近代社会における リスクと家族

田間泰子

《目標＆ポイント》
① 「リスク社会」と「社会的リスク」の概念を理解する。
② 家族が担ってきた機能を理解する。
③ リスク社会における家族の機能を考察する。
《キーワード》 リスク社会，第二の近代，個人化，社会的リスク，家族の機能

1. リスク社会と家族

（1） グローバル化するリスク

現代社会は，「リスク社会」であるといわれる。「リスク社会」という言葉は，ドイツの社会学者ウルリッヒ・ベックが，1986年，ソビエト連邦（現ウクライナ）のチェルノブイリ原子力発電所事故の直後に出版した著書のタイトルである（ベック 1998）。放射能汚染の恐怖と不安が世界中を覆うなか，私たちが生きるこの社会を表現するのに不可欠な概念となった。

ベックは現代社会を，近代を引き継ぎつつ新たな段階に入った，第二の近代であると位置付ける。これをチェルノブイリ原発事故を例として考えると，分かりやすい。まず，近代という時代に，国民国家が形成され，工業生産が資本主義のもとで発達し，科学技術が飛躍的に発展した。植民地化と戦争，国際貿易を通してグローバル化は進行したが，人々（特

に先進諸国の）の社会の基盤には科学技術への信頼があり，国民が主権をもって国家を営み，自由な個人は理性的な行為と社会的契約によってより良い社会の実現を目指すものであった。しかし，チェルノブイリ原発事故が人々に突きつけたものは，科学技術に対する不信，そして，一つの国家の中で生じた事故が国境を簡単に越えて世界中を汚染するということ，一国の国境の内側だけではこの重大問題に対処できないということであった。

　私たちは，さまざまな科学技術を利用しながら，国家の中で生きていて，それらのいわば近代の産物を手放すことができない。しかし，私たちがそうして選び取る結果が，私たちの意図しない，かつ統制もできない新たな事態をもたらしてしまう。これが，グローバルな「リスク社会」である。

（2）「個人化」と人生のリスク化

　ベックは，「リスク社会」について，近代がもたらしたもう一つの産物，「個人化」という視点からも論じている（ベック 2015）。

　個人化の淵源は，西欧諸国における近代化の重要な要素の一つ，個人主義にある。個人主義は近代化を支える心的態度の一つであって，人々は中世までの固定的な身分・階級や地域社会・親族から解放され，「人はみな自由であり平等に権利を有する」という思想を共有する。ここに「個人」という存在が析出され，国民として国家を築く（現実には，女性や非西洋人がこの範疇から排除された）。そして，それまでの拘束的な集団から解放されるだけでなく，絆を失ってバラバラになった個人が，新たに職場や組合，家族，市民組織など，国と個人との「中間集団」を形成することが社会秩序をもたらすと考えられてきた。ところが，現代社会においてそのような中間集団が衰退し，他方で個人主義はさまざま

な社会制度に浸透して人々は生活場面で個人的な選択を迫られ，その結果を自己責任として引き受けねばならない「個人化」が生じているというのである。

　この主張を，現代日本で社会問題となっている未婚化を例に考えてみよう。日本の近代化は明治時代から始まったが，その近代化は西欧的な個人主義を否定するものであったため（第2章参照），個人化が本格的に進行したのは第二次世界大戦後である。法的婚姻（以下「結婚」とする）という行為を考えてみると，戦後の日本では，成人であれば本人同士の合意によるものと憲法に定められた。したがって，本人の選択によるものであり，個人主義は制度化されているといえる。

　現実には，戦後から1970年代前半にかけて，50歳までに98％以上の人々が結婚するという状態が続いていた。しかも，1960年代中盤から，結婚のきっかけは見合いよりも恋愛が多数派となった。あわせて考えてみると，結婚は「皆が結婚すべし」という強い社会規範の圧力を受けながら，同時に自由意志に基づく選択的行為としての性格を強めたといえよう。結婚は，配偶者とのあいだに新しい中間集団（家族）を形成する行為であるから，この時期，人々は進行する個人化のもとで熱心に中間集団を形成しようとしていたわけである。独身者（34歳以下）を対象にして1982年から行われている政府の調査（出生動向基本調査。旧名は出産力調査）では，現代に至るまで，多くの人々が「いつかは結婚したい」と回答し続けている。もっとも，現実にはその後未婚率は大きく上昇し，現代では50歳男性の約4人に1人，女性の約7人に1人が未婚である。

　もし，結婚が愛する人との純粋に親密な関係性だけを実現することであれば，独身で生きることは，そのような人を選ばなかった／選べなかっただけのことである。しかし，現代日本の社会保障制度と労働市場は，

男性が稼ぎ主となって妻子を養うことを優遇しており（第4章以降を参照），独身のままで一生を終えることは制度化された不利益を自己責任として引き受けることにほかならない。しかし同時に，現代日本では独身男女の約7割が，独身でいることに「行動や生き方が自由」というメリットがあると考えている（国立社会保障・人口問題研究所 2017）。

　このように，生まれる時には親や家族を選べないとしても，その後の長い人生で，結婚と離婚はもちろんのこと，就労／退職／再就職，避妊／妊娠／中絶／出産／不妊治療など，家族にかかわる多くの出来事が個人の選択による（山田 2001）。何かを選ぶことには結果をともない，何かを選ばないという選択にもまた何らかの結果を伴う。家族だけでなく，人生そのものがリスク化しているともいえよう。「リスク社会」というとき，それは決して社会が危険に満ちていることだけを意味するのではなく，ある見通しのもとで人々が選択を行わねばならない社会であることを意味する（ルーマン 2014）。家族にかかわるさまざまなことがらが，個人の選択に依存すること，これが「リスク社会」と家族のかかわりである。

　ただし，本書では，ここに一点の留保を加えておきたい。それは，ベックのいう個人化が日本社会で，どれほど生じているかということである（ベック 2011a；2011b）。確かに，上で例とした未婚化現象は，個人化によってある程度説明できるように思われる。しかし，欧米先進諸国と異なり，日本では個人主義の制度化は戦後にようやく始まったものである。また，1973年の石油危機以降，北西ヨーロッパ諸国や米国がいっそう個人化を進めたのに対して，日本ではあらためて「日本型経営」や「日本型福祉」が謳われ，社会政策および労働市場において，企業や家族といった集団性が強化された。

　日本の近代化の歴史は複層的である。前近代，近代化が始まった戦前，

さらに急速に欧米的な近代化を目指した戦後，そして高度経済成長が終わった1970年代中盤以降から現代までの「第二の近代」という歴史を経た現代日本の社会構造のもとで，個人の選択とは，果たしてどのようなものか。個人化は家族の在り方とどうかかわるのか。この点に留意しながら，現代家族を見ていきたい。

2. 社会的リスクと家族

（1）社会的リスク

　上述したように，人々はさまざまなリスクを抱えながら生きている。その状況を個人的なリスクとしてではなく，社会政策の観点から「社会的リスク」として捉える考え方がある。その第一の理由はベックのいうように，個人の選択を超え，統制も不可能な危険があるからである。例として，環境問題のほか，市場経済の世界的な破綻（1997年のアジア通貨危機や2007〜2008年の世界金融危機（いわゆるリーマン・ショック）など）をあげることができる。誰かが選択した結果の集積ではあるのだが，危害はその選択を行った人々以外の生活に及ぶ。家族生活は現代ではますますグローバル化した世界に依存せざるを得なくなっており，そのために，統制不可能な形で，家族と個人の生活が危険にさらされる。それらを低減するために，社会全体として選択を行おうとするのである。

　第二に，社会的な要因（収入や職業，学歴，社会的威信などにおける

コラム：「圧縮された近代」と日本

　チャン・キョンスプ（2013）は，欧米諸国と韓国の近代化を比較し，先進諸国に遅れて近代化した韓国では，「圧縮された近代」（compressed modernity）が起きたと述べている。韓国では，家族の機能は外部化されず，むしろ家族に多くの機能がゆだねられて近代化が進んだ。家族こそが近代化を支え，現代も支え続けているという理論である。これを受けて，落合恵美子（2013）は日本社会を「半圧縮近代」と捉えることを提唱している。

格差）によって，個人の選択以前にリスク格差が生じているからである。また，人生のそれぞれの時期のその社会環境によっても，リスクは左右される。それらの社会的要因が，社会構造のせいで世代で継承されることもある。

　そして何よりも，個々人の抱えるリスクが集団的な結果として社会を左右する。これを家族にひきつけていえば，家族は国家にとっても労働市場にとっても，人間を再生産（日々の再生産と次世代の再生産）するという重要な機能を果たしてきた。もし家族が人間を再生産できなくなれば，その社会は存亡の危機にさらされる。

　リスクの，このような非個人的な要素を踏まえて，エスピン＝アンデルセンは「社会政策とは，社会的リスクの公的な管理」だという（エスピン＝アンデルセン　2000）。リスクを個人に帰属させるだけでなく，その一部を「社会的リスク」として捉え直すことができるのである。

（2）私たちの人生と家族

　ところで，現代社会がリスク社会であるとしても，家族はその昔から存在してきた。したがって，リスク社会という現代的文脈を離れ，現代に限らず家族関係が担ってきた機能という観点からも，家族を捉えておく必要がある。

　家族社会学における古典的な説として，オグバーンは，人にとって生存に必要な機能を7つあげている。①経済，②社会的地位の付与，③教育，④保護，⑤宗教的機能（信仰を通した精神的安定と結束），⑥安らぎをもたらすレクリエーション機能，⑦愛情，である。しかし，近代化にともなって①～⑥は他の機関に譲り渡され，家族に残る機能は⑦だけだと論じた（Ogburn 1933）。マードックは，核家族（両親と未婚子）の機能を①性，②経済，③教育，④生殖，の4つとし，パーソンズは特に

①成人の情緒的安定と②子どもの社会化を重視した（マードック 1978（原著 1949），パーソンズとベールズ 1981（原著 1955））。

　これらの説は，まさに近代化のただなかで欧米の研究者によって唱えられたものであり，現代日本の家族に当てはめてみると限界のあることが分かる。例えば，高齢者の介護は家族が抱える大きな課題である。しかし，マードックとパーソンズが核家族の基本的な機能と見なしたものの中には，高齢者の介護が無い。「両親と未成年子」という家族形態が前提とされているからである。オグバーンの④保護（protection）という機能が高齢者介護を含みうるが，日本では要介護者などの介護者の 58.7％は同居家族，12.2％は別居家族となっている（内閣府 2018）。三世代同居の場合のみならず，いわゆる「老老介護」や，高齢の親を成人の未婚子が介護する家族である。その家族へのサポート，および一人暮らしの高齢者へのサポートとして，「社会的リスク」を認識し高齢者対策を行っているのが日本である。

　高齢者の介護が，なぜ家族の機能として見過ごされたのか。大きな原因は，先進諸国の人口において高齢者が占める割合が，20 世紀中盤においては低く，社会問題ではなかったからではないだろうか（表 1-1）。もう一つの原因は，北欧諸国や英国・米国においては，高齢者が三世代同居して家族から介護される，という慣習がほとんど無かったからである。それに対し，日本は高齢者の急激な増加を経験しつつある。人口における比率の急増だけでなく，戦後日本の人口全体の増加にともなって，実数も 1950 年の 400 万人強から 2017 年の約 3,500 万人へと増加した。そして，高齢者の介護を家族，特に女性が行うべきであるというジェンダー化された慣習と制度がいまだ存在している。

　そこで今一度，人間の人生という普遍的な視点から捉え直してみよう。そもそも私たちの人生を考えてみれば，生まれ落ちた瞬間から，誰かに

表 1-1　先進諸国と日本の人口における高齢者（65 歳以上）の比率

	米国	英国	フランス	ドイツ	スウェーデン	日本
1950 年	8.2%	10.8%	11.4%	9.7%	10.2%	4.9%
2015 年	14.6%	18.1%	18.3%	21.1%	19.6%	26.0%
1950/2015 の増加率	1.8 倍	1.7 倍	1.6 倍	2.2 倍	1.9 倍	5.3 倍

（出典：UN Department of Economic and Social Affairs 2015 を基に筆者作成）

依存しケアしてもらわなければ生存できない。その後も，病気になって看病を必要とするなど，広い意味で，ケアは私たちの人生に不可欠である。それを第一に与えてきたのは家族であるから，家族は重要な機能の一つとしてケアを担っている。それは，マードックの「教育」やパーソンズの「社会化」で包摂しきれない，生存と成長のためのより基礎的な機能である。その一部は社会的リスクとして認識されて対策が立てられているが，家族がいまだ重い役割を担っていることも確かである。本書では，現代社会すなわちリスク社会，という社会的文脈にくわえて，本来，人が生存するためには他者との依存関係が必須であるという認識に基づきつつ，現代家族がどのような現状にあり，いかなる課題を抱えているのかを考察する。

3. 本書の目的と構成

（1）本書の目的

　以上をまとめよう。

　現代社会は，近代以降の産業化と科学技術の発展，そして世界的状況の結果として，グローバルな「リスク社会」となっている。個々人が意図することもできなかったリスクが発生し，個人ではもちろんのこと，一国でも解決できない問題を私たちは抱えている。このグローバルに増

大する不確実性が，現代社会の特徴である。

　他方，現代社会において，近代化のもう一つの産物である個人主義が国家によって制度化された結果，家族生活にかかわるさまざまな行為が人々の選択に依存する，すなわちリスクとなっている。本書が，現代家族を論じるにあたって「リスク社会」を掲げているのは，日本社会が第二次世界大戦後の近代化によって，とりわけ家族関係の大きな変動として，この個人化を経験してきたと考えるからである。人生とその重要な一部分としての家族がリスク化しているが，私たちは個人主義という近代の遺産を手放してしまうことはできないし，日本は欧米諸国と異なる近代化の歴史を持つため，個人化の様相もまた異なると考えるべきである。

　そこで本書では，現代日本を「リスク社会」と捉え，変動する日本の家族の諸状況と考えあわせることによって，私たちにとって家族とは何か，社会とは何か，そして現代家族の課題とは何かを考えていく。

　同時に本書では，人は本質的に依存性を有し，したがってケアを必要とするという人間観に立つ。家族は，近代的な人間観，つまり自立的な「個人」同士の民法に基づく契約や，第二の近代におけるリスクとしての家族以前に，そもそもケアの必要によって形成されてきたものだと考えられる。

　そこで，家族関係というものを，職場や学校や市中での一時的なかかわりといった他の社会関係と比較してみると，他とはいささか異なる性質を持っているといえる。人が人と家族生活を始めると，ケアだけでなく，共食・共寝・性的関係・生殖などを行うことが日常的となる。すなわち，心身の親密性と依存性の強い関係が，人々の生／日常生活／人生に埋めこまれ，繰り返されるのである。だからこそリスク社会では，家族関係は生の質（Quality of Life）に大きな影響を及ぼす。

　したがって，本書の目的は，リスク社会における家族変動と課題を考えることであると同時に，より根源的に，人の本質的な依存性を，誰が（また社会が）どのように引き受けていくのか，という社会的責任（responsibility）の問題を考えることにもなるだろう。一方で人としての本来的なケアの必要性があり，他方で個人的選択の時代になっているという現代的状況が，家族の形成をより困難な選択肢にしていることを踏まえて考えていきたい。

（2）本書の構成

　第2章では，歴史的変化と家族の変動を関連付けて捉える視点を示す。歴史人口学の成果を基に家族の歴史を述べる。また，19世紀後半の明治維新から始まる日本の近代化は主として家族の制度化にかかわり，現代の課題となる大きな変化は，第二次世界大戦後のさらなる近代化以降に起こったことを示す。

　第3章では，第二次世界大戦後（1950年前後〜2015年くらいまで）の日本の家族の変化を世帯構成と意識の両面から数量的なデータを用いて概観する。個々の家族の変化の内容やメカニズムについては他の章で詳述されるため，ここでは趨勢的な変化を把握することを目的とし，第4章以降の各章を理解するにあたっての基本的な動向を論じる。

　第4章では第二次世界大戦後に高度経済成長や企業中心社会の確立を通じて生じた就労と家族の変化について統計資料を踏まえながら説明していく。その過程で，どのようなジェンダーにかかわる問題が発生したのか，その背景も含めて論じていく。続く第5章では，グローバル化や少子高齢社会の進行とともに日本的雇用慣行の崩壊が進む中で，さまざまな労働問題や格差問題を捉えながら，労働の場で生じているリスクや是正策の方向性，そして家族とのかかわりを展望する。

　第6章では，ジェンダーと家族との関係について，性別分業に焦点を当てながら論じる。前近代社会の性役割からいかにして近代的な性別分業が生まれ，またそれはどのように変化しつつあるのかについて論じ，またジェンダー平等がケアの問題の解決において持つ限界についても説明する。

　第7章では，結婚についての基本概念とともに，少子高齢化の主な原因となっている未婚化の原因と帰結について論じ，今後の結婚の在り方の展望を示す。

　第8章では，セクシュアリティが現代的な社会状況のもとで，「異性愛で法的婚姻をした夫婦」という家族形態の中に収まらなくなっていることを示す。そして，セクシュアル・ライツを尊重する国際的潮流を踏まえ，セクシュアリティと家族にかかわる諸問題への認識を深める。

　第9章では，現代日本では母子の死亡率の低さや，避妊・中絶・生殖補助技術によって，子どもを持つ／持たないにかかわる選択性が高まっていることを示す。しかし，子どもの誕生と育ちがはらむ未知の可能性を受容できる社会を目指さねばならないことを論じる。

　第10章では，親子関係や子育ての時代的変化を踏まえつつ，現代の少子化の動向とその背景について論じる。さらに，子育ての社会化の在り方について，国際比較の観点から説明し，その課題について明らかにする。

　第11章では，離婚および再婚の趨勢について人口学的なデータを基に把握した後に，離婚後に形成されるひとり親世帯，再婚によって形成されるステップファミリーの抱える問題について紹介する。

　第12章では，高齢者の家族関係について，配偶者，子ども，きょうだいとの関係について論じた上で，高齢者と介護の問題を論じる。

　第13章では，今後も増加が見込まれる単独世帯を論じる。家族の役

割を国家や市場との関係で捉える「福祉レジーム論」を手掛かりとして，日本の特徴と問題点を確認する。さらに，家族がこれまで担ってきた役割を代替しうる別の「親密圏」とそれを可能とする「公共圏」の在り方について考える。

　第14章では，家族の多様化が進む中で生じている社会問題を「貧困」と「社会的排除」の観点から考える。貧困概念や社会的排除概念を理解し，ヨーロッパの貧困・社会的排除政策を参考にしながら，日本の社会的排除をめぐる研究や政策の中で見落とされている問題を考える。

　第15章では，死期の看取りと家族，また家族と地域社会との関係などを参照しつつ，あらためてリスク社会における家族の変動と，私たちが今後どのように考えていくべきかを論じる。

《学習課題》

① 　日本以外の国を1つ選び，近代化の歴史や出生率・死亡率などにあらわれた変動を日本のそれらと比較してみよう。
② 　家族の機能に関するオグバーンの説を調べ，日本の家族の実態にどれほど当てはまるか検証してみよう。

引用・参考文献

ベック，U. 1998，『危険社会―新しい近代への道』東廉・伊藤美登里訳，法政大学出版局

ベック，U. 2011a，「個人化の多様性―ヨーロッパの視座と東アジアの視座」伊藤美登里訳『リスク化する日本社会―ウルリッヒ・ベックとの対話』ウルリッヒ・ベック，鈴木宗徳，伊藤美登里編，岩波書店，15-35頁

ベック，U. 2011b，「リスク社会における家族と社会保障」鈴木宗徳訳『リスク化する日本社会―ウルリッヒ・ベックとの対話』ウルリッヒ・ベック，鈴木宗徳，伊

藤美登里編，岩波書店，73-87 頁

ベック，U. 2015,『世界リスク社会』山本啓訳，法政大学出版局

Chang, Kyung-Sup. 2010, *South Korea under Compressed Modernity: Familial political economy in transition.* Routledge

張慶燮（チャン　キョンスプ），2013,「個人主義なき個人化―「圧縮された近代」と東アジアの曖昧な家族危機」柴田遥訳『変容する親密圏／公共圏 1　親密圏と公共圏の再編成―アジア近代からの問い』落合恵美子編，京都大学学術出版会，39-65 頁

エスピン＝アンデルセン，G. 2000,『ポスト工業経済の社会的基礎―市場・福祉国家・家族の政治経済学』渡辺雅男・渡辺景子訳，桜井書店

国立社会保障・人口問題研究所，2017,『現代日本の結婚と出産―第 15 回出生動向基本調査』http://www.ipss.go.jp/ps-doukou/j/doukou15/NFS15_reportALL.pdf.

ルーマン，ニコラス，2014,『リスクの社会学』小松丈晃訳，新泉社

マードック，G. P.1978,『社会構造―核家族の社会人類学』内藤莞爾訳，新泉社（原著 1949）

内閣府，2018,『平成 30 年版高齢社会白書』
http://www8.cao.go.jp/kourei/whitepaper/w-2018/html/gaiyou/index.html

落合恵美子，2011,「個人化と家族主義―東アジアとヨーロッパ，そして日本」『リスク化する日本社会―ウルリッヒ・ベックとの対話』ウルリッヒ・ベック，鈴木宗徳，伊藤美登里編，岩波書店，103-125 頁

落合恵美子，2013,「近代世界の転換と家族変動の論理」『社会学評論』64（4），533-552 頁

パーソンズ，T. と R. F. ベールズ編，1981,『家族―核家族と子どもの社会化』橋爪貞雄他訳，黎明書房（原著 1955）

山田昌弘，2001,『家族というリスク』勁草書房

UN Department of Economic and Social Affairs. 2015, *UN Demographic Yearbook 2015.* United Nations

Ogburn, William Fielding. 1933, 'The Changing Functions of the Family,' in R. M. Winch et al. (eds.). 1960, *Selected Studies in Marriage and Family.* Holt Rinehart and Winston

2 | 前近代から近代への家族変動

田間泰子

《目標＆ポイント》
① 社会の歴史的変化と家族変動を関連付けて捉える視点を学ぶ。
② 現代家族に影響を与えた大きな歴史的契機は，19世紀後半からの近代化
と，第二次世界大戦後のさらなる近代化にあったことを理解する。
《キーワード》 歴史人口学，近代化，国民国家，戸籍制度

1. 前近代社会と家族

（1）前近代日本の家族

「昔の日本の家族は～だった」と一言でいうことは，実は難しい。日本社会全体の歴史的な変化に応じて，日本の家族も変化してきたからである。くわえて，文字による記録のない時代，国家による人々の把握が行われなかった時代，あるいは中世の戦乱の時代など，現代とは違って多くの史料的困難があり，史料の解釈にもさまざまな可能性がある。さらに新たな史料が発見されて歴史が塗り替えられることもある。このような限界を踏まえた上でではあるが，本章では，社会の歴史的変化と家族変動を関連付けて捉える視点を持つために，日本の昔の家族について少し紹介しておきたい。

日本において，国として最初に人々の把握がなされたのは，670年の「庚午年籍」だといわれている。しかし，この史料は発見されていない。これより前，6世紀までは豪族・王族支配の時代で，徐々に国として諸

制度が整えられつつあった。7世紀初頭に中江大兄王子（のちの天智天皇）らにより乙巳の変が起こされ，唐にならって律令制に基づく国家としての体制が確立されていった。この政変後に制定された律令の一つに「男女之法」がある。良民（口分田を与えられ，租庸調の義務を負う）という身分の両親を持つ子はすべて父に属し，親のいずれかが奴婢の身分であれば子も奴婢に属し，両親ともに奴婢であれば子は母に属するとした。この法の最優先規則は，良民と奴婢という身分の別である。男系血統（父系）を，両親を良民とする子のみに限定的に適用しており，これは唐の家父長制を採用したものと考えられている。

　現存する最古の戸籍は，702（大宝2）年の戸籍の一部である。この戸籍は，一つの戸に姓が別である夫婦・親子・妾とその子，傍系親族とその家族，寄宿人を含みうるものであった。他方で，夫婦関係のあることが推測されるが別戸籍である場合もあり，一つの村（里）が全員，同じ部を名乗る地域もあった（久武 1995）。この時の姓と戸籍は，租庸調を担う良民のみを把握するために作られたもので，氏姓は天皇から与えられた職位や職業集団を示し，私的に所有される隷属民は含まれなかった。

　家族という本書のテーマに関して興味深いのは，大宝律令（701年）に，唐の律令と異なる要素が見られることである。例えば，女帝の子が男帝の子と同様に皇位を継承する権利を持つこと，皇女は皇族内結婚をするよう強く制限されていること，族内婚が許され，いとこ同士，おじと姪，おばと甥などが禁止されていないこと，妾が妻と同様に配偶者として戸籍に記載されること，女性が未婚・既婚などの婚姻上の地位に関係なく口分田を分配されたことなどがある。日本では，女性が自身の名前で財産を所有し，契約を行い，家産を経営し，たとえ中継ぎであるにせよ戸主になり，さらには共同体の宗教行事に男性とともにかかわっていた記録が多く残っている。

　また，婚姻の成立は，奈良時代には「ツマ問い婚」といわれる男女双方からの往来や同居によっており，女性の再婚は，同じ里にいながら 3 カ月間「夫婦相往来せざれば」，あるいは子どものある男女は 3 年，子どものない男女は 2 年「相住まずば」認めるとされた。平安時代の貴族においては夫が妻の実家に通ったり同居したりする「婚取り」，その後に独立あるいは夫方に同居した（久武 1995，義江 2007）。

　平安時代から中世にかけて，天皇家，ついで公家と在地領主層を中心に家父長制が広まった。家産は，かつて均分相続が行われていたが，次第に嫡男子による単独相続が増え，女性が一代のみの相続に限られやがて相続権を失っていった。経済活動では，鎌倉時代の当初には在地領主として地頭職を継ぐ女性が見られ，実際には経営や労働に女性が多くかかわり続けていたが，男性の名のみとなっていき，「座」のような商工業者の組合や売買契約の文書にも女性の名前が登場しなくなっていく。婚姻においては「正妻」と「妾」に明らかな格差がつけられるようになり，妻が婚姻の最初から夫の実家に同居する「嫁取り婚」が普及した（脇田 1992）。ただし，史料に限界があるため，次節で述べる江戸時代のような地域差など，家族にかかわる詳細なことは分かっていない。

（2）歴史人口学が明らかにする江戸の家族

　前近代という長い年月の中で，日本社会の近代化に特に大きなかかわりを持つのは，その直前の江戸時代である。17 世紀から 260 年以上続いた江戸時代には，戦乱が収束し，新田開発とそれに続く貨幣経済と流通，都市の発達，資本の蓄積が見られた。農村には家内手工業や商業的農業の発達など近代に先立つ変化が見られ，三大都市（江戸・大坂・京都）の人口や賑わいは世界的に高い水準にあり，識字率も当時として世界的にみて高かったといわれている。

　江戸時代の家族の様相がこんにち知られるのは，歴史人口学の成果による。歴史人口学は，第二次世界大戦後に西ヨーロッパで発達した学問分野で，国家による全国調査がまだ存在しなかった時代について実証的な家族史研究を行ってきた。フランスの教会の教区簿冊から家族の歴史を復元したルイ・アンリ（Louis G. Henry）や，イギリス国教会の教区簿冊を用いたリグリィ（Edward A. Wrigley），ラスレット（Peter Laslett）とケンブリッジ・グループが著名である。日本では，1960年代に速水 融が，江戸幕府が諸藩に作成させていた宗門人別改帳（人別改帳・宗門改帳を含む）を資料として着手したことに始まる。

　現在までに蓄積された多くの研究成果の中から，まず，(1)災害年と平常年の差，(2)地域差，(3)階層差という3点について述べる。

　(1) 災害年と平常年の差とは，冷害や地震，疫病などの大きな災害が生じた年と，それらのない年との差である。現代に比べて，出生率と死亡率は高かった。しかし，災害のあった年にはとりわけ死亡率が高く，結果として人口増加がかなり抑制された。死亡率の不安定な増減は前近代社会の特徴で，江戸時代後期には特に災害が多く，死がより身近なものとしてあったのである。このような厳しい生存状況は，家族関係においては人々の寿命の短さ，親子や夫婦間の死別の多さとして現れた。

　しかし，年による違いだけでなく，災害に見舞われる地域とそうでない地域がある。東日本と西南日本には災害年の死亡率に大きな差があり，比較的温暖な西南日本では江戸時代後期にも緩やかに人口が増加した。

　(2) 地域差が見られるのは，災害によって影響される人口の増減だけではない。科学技術が大きく発展する近代に比べて，前近代には人々が自然を支配する力ははるかに弱かった。そのため，自然環境によってその土地の産業の在り方や暮らし方は制約を受け，結婚年齢や家族と離れて奉公する年齢，既婚の子夫婦が親世代と同居するか，財産相続の方法

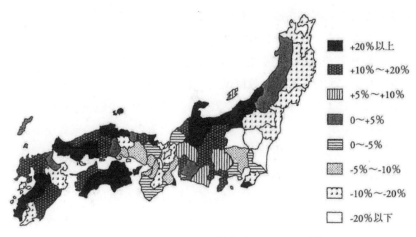

図 2-1　地域別の人口増減（1721-1846 年）

（出典：速水融『歴史人口学研究』藤原書店）

など，家族にかかわるさまざまな慣習についても，地域差が見られた。

　さらに（3）階層差があった。江戸時代には，士農工商および穢多・非人という身分制度が敷かれていた。身分制度は前近代社会の特徴の一つであり，人々が皆平等であるという西洋近代的な理念と明らかに異なっていた。実際に，初婚年齢や夫婦の死別率，子ども数，子どもの死亡率，世帯の人数などに関し，同じ地域であっても身分階層によって大きく異なっていたことが分かっている（落合編 2006）。

　本書としてまず確認しておくべき点は，現代にはある程度統制できるようになった危険（病いや生死，災害など）の多くが，前近代には統制できなかったということである。ゆえに，家族は災害など自然の影響を大きく受け，くわえてその地域性や身分階層などの社会制度の影響を受けながら営まれざるを得なかった。多産多死であるため，人口構造は結果的に少子傾向だったが，災害や経済発展の影響など，時期により地域

により多様な状況であった（浜野 2011，落合編 2015）。

　しかしながら，江戸時代を全体として眺めれば，ゆるやかに家族が変化し，地域差が減って均質的な「家」意識が定着していったといえる。まず，中世における私的な隷属民は，士農工商と穢多・非人制度に転換されたことにより，かつては許されなかった婚姻や夫婦親子の同居が可能になった。地域によっては，新田開発とともに小規模の家族が多数生まれた。そして，家族生活は人々が生存のために寄り集まる生活単位，扶養と経営の単位，村の中で一定の権利と義務を有する単位（「株」と称する地域もある），さらにまた何がしかの系譜を守り継ぐ単位として安定的な「家」になっていった。江戸幕府が実施した宗門人別改は，キリスト教を排斥し人々を仏教徒として寺に登録させる制度であったが，18世紀中盤以降にはこれを通じて各藩での人口把握が進み，夫婦が同じ一つの宗派をまつり同じ墓に入る，一家一檀家も徐々に成立した（森本 2006）。これらの変化は，明治時代以降，つまり近代日本の家族生活や家族制度の基底を形作っていったと考えられる。

（3）東アジア社会における前近代日本の家族の特徴

　江戸時代の家族の多様性と次第に安定していく家族生活のうちにも，一貫する日本社会（江戸時代の日本国）の特徴というものを見いだすことができるだろうか。全体的な特徴として，死別のほか，離別，再婚，養子が多かったことが分かっている。

　また，朝鮮・韓国，中国，台湾，琉球・沖縄といった東アジア社会の中で比較した場合，相対的に見て日本は，家族生活において双系（父系と母系）的な要素を持っており，世代の上下に関する秩序の観念が弱く，血統よりも実際的な継承の可能性を重んじたと指摘されている（もちろん，他国においても長い歴史のうちに価値観や制度の変化が見られる（小

浜他編 2018））。

　父系制の強固な社会では，例えば女性の氏姓は婚姻後にも出自たる父系のそれから変更されない。しかし，江戸時代以前の日本では，同じ氏姓内での婚姻が多く行われていた。また，江戸時代には，武士階級で父系制が見られたものの，氏姓を与えられていない大多数の人々にとっては，苗字・屋号などを自ら名乗っていた状況があり，名前も適宜変えていて，氏姓と父系制が固定的につながってはいなかった。その表れは，現代に見られる多彩な氏の存在であろう。1875 年，大日本帝国が全国民に苗字（名字）を持つことを強制したとき（太政官布告第 22 号），父系血統をたどってその苗字（氏）が定められたわけではなく，人々が選び，あるいは創ることができた。

　日本で夫婦同氏の制度となったのは 1898 年，民法親族編の制定によるが（戸籍の様式においてはそれ以前に同氏とする趣旨が見られる），それは人々にとって，必ずしも妻が夫の氏に変更することを意味しなかった。1949 年までに結婚していた夫婦において，夫婦同氏であったために妻が夫の氏に変える必要がなかった夫婦が 9.15％存在したという調査もある（人口問題審議会他編 1988）。他方，夫婦双方が跡継ぎでそれぞれの氏を継承する必要がある場合には，婚姻の届出を出さないという選択もよく行われた（太田 1965）。

　もう一つの例は，養子縁組である。武士階級を中心に父系血統が好ましいと考えられていたであろうが，現実には東アジアの他の社会と異なり，家の継承者となる養子をこれに限らなかった。朝鮮王朝や清王朝時代の中国では「異姓不養」といわれ，世代の上下関係も破られてはならなかった。日本では，江戸時代には非血縁の男子養子による継承，娘の婿（非血縁。婿養子）による継承，夫婦養子など，さまざまな養子縁組が多く見られた（大竹編 1988）。武士階級でも，外孫（娘の嫁ぎ先の父

系血統）や，異なる父系の男子を娘の「婿養子」にして家督継承させる
例が幕府によって許可された（坪内 2001）。

2. 近代化と家族

（1）家族の制度化

　江戸時代の後半期に均質化し，庶民のあいだにも定着しつつあったと
いわれる「家」に，大日本帝国は近代国家として新しい役割を与えた。

　近代国家において，国民を量的に把握することは国家の根幹にかかわ
る必須の事業である。ここに「国民」の定義と把握のための制度の創設
が必要となり，戸籍制度がそれを担った。戸籍法は，いわゆる「壬申戸
籍」（1871 年制定・1872 年施行）に始まり，法改正（「明治 19 年戸籍」）
を経て戸籍法（1898 年公布・施行，1914 年改正・1915 年施行）として
存在したものである。日本国民であること（大日本帝国下では「臣民」
であること）を公証する唯一の制度であった。ここでまず認識すべきは，
大日本帝国による国民の登録制度が個人を単位とせず，戸籍法による
「戸」を単位としたことである。

　では「戸」とは何か。「戸」は，戸籍法により戸主とその家族，および
非親族（例えば妻の前夫との子など）から成ると定義された。戸主の家
族とは，民法（親族編 1889 年制定・施行）により「戸主」の親族でその
「家に在る者」と配偶者とされており，すなわち「戸」は原則として「家」
である。

　しかし，これは実際の家族生活や住居を意味するのではなく，父系の
「一家一戸籍一氏一宗教」を根本とする大日本帝国が創造したフィクシ
ョンである。

　フィクションである理由として，第一に，国民は戸籍に記載する「本
籍」を帝国領土内に持たねばならないが，現住地と異なって構わない（も

っとも 1871 年当初，本籍は「居住地」と想定されており，江戸時代に百姓などは居住地移動の自由を認められていなかったことから，これを大きく離反する届出は想定外だった可能性がある。）。なぜなら，戸籍は人々の出自が領土内にあることを示せばよいからである。第二に，戸主と氏を同じくして戸主との身分関係（親子関係・配偶関係）によって戸籍に登録されるのが「家族」と定められたが，その母体となる親族は民法によって血族六親等，姻族三親等という広範囲に及ぶ。つまり，戸籍は生活を共にする関係を表すものではなく，戸主に対する親族関係をもって人々を記録するための制度であり，かつ家督（氏・財産・祖先祭祀）によって幾世代をもつなぐものでもあった。

　結果として，日本国民であることは，戸主のもとに統率されるフィクションとしての「家」を単位とした親族的身分関係の公証（戸籍）によってのみ証明される。ここに，国家の領域内での統治のための基礎単位として，「家」制度が創設されたといえよう。

　近代化の過程で家族に生じたこのような制度化に関して，以下に現代家族につながる 2 つの論点を紹介しておく。「家」制度と現実の家族生活との乖離，そして近代国家が家族制度に果たした役割である。

　「家」制度と現実との乖離については，制度を支持する立場から戸田貞三が，批判の立場から川島武宜が指摘を行った。戸田は，「世帯」という概念を用いた実証的家族研究の先駆者である。1920 年に実施された第 1 回国勢調査を分析し，当時の家族生活の約 8 割が，「家」制度の理念と異なり親子・夫婦という小集団によって構成されていることを指摘した（戸田 1937）。と同時に戸田（1944）は，現実の小規模の家族を支える理念が日本の「家」制度の特徴であると主張した。それは，民法に定められた広範囲の親族とその祭祀の継承，および戸籍の永続を通じて維持される「家」を祖孫一体の集団と捉える意識，「家」を通じて永

劫に続く日本民族への帰属意識である。他方，川島は戦後日本の民主化を希求した民法学者である。大日本帝国下の「家」制度が江戸時代の武士の家族制度をもとに作られたものであって，国民の大半を占める農民の家族の実態と大きく異なると主張し，封建的な「家」制度がイデオロギーとして日本社会の民主化を阻んでいると批判した（川島 1957）。

　戸田の思想には，戸籍に基づく家を国の基礎単位とし，くわえて天皇を日本国家の家父長とする宗教的かつ民族主義的な家族国家観が存在する。それは現代日本において，もはや一般には受容困難な価値観であろう。日本国民と日本民族を同一視して国家を建設しようとした近代日本は終焉を迎え，現代日本は多文化共生を考えざるを得ないからである。

　川島は，「家」制度を前近代の封建制と位置付けたが，明治政府がそれに近代的な修正を加えて作り上げたものだとも指摘している。これは第二の論点（近代化と国家の役割）ともかかわるが，「家」制度は川島の指摘以上に，上述の夫婦同氏制や婚姻の自由（ただし戸主同意権あり）など近代的要素が多かったことが近年指摘されている（牟田 1996，遠藤 2013）。しかしその後，大日本帝国は，「家」を「國に繋がるのをその本質とし」，祖先も子孫も「家の永遠性の中に想念され」，「親子の関係を主とし，家長を中心とするものであって，欧米諸国における如き夫婦中心の集合体はその本質を異にする」と位置付けた（文部省教学局編 1941）。それは，近代化を取り入れつつも，個人主義については強く否定する家族制度であり，国家体制だったといえよう。

（2）戦争と家族の変化

　大日本帝国の時代，近代化を急速に進めた日本では，近代国家の形成や工業化，第二次産業・第三次産業従事者の増加，被雇用者の増加，また都市部では新中間層といわれる被雇用者世帯の増加など，近代化の諸

側面が進んだ。国勢調査によると，例えば第一次産業の就業者は明治初
頭に全人口の 8 割程度だったと考えられているが，1920 年には 53.5% ま
で減っており，1940 年には 44.3% となっていた。第二次産業は 1940 年
には 26.0%，第三次産業は 29.0% を占めていた。しかし，全産業を通じ
て自営業や家族従業者で過半を占め，被雇用者は増えたといえども就業
者の 4 割，いわゆるホワイトカラーは約 1 割にとどまっていた。

　思想・文化的には，大正デモクラシーといわれるように，恋愛や産児
調節，母性保護，フェミニズムなど，家族の在り方にかかわるさまざま
な社会運動も活発化した。他方，江戸時代から発展していた都市に人口
が流入し，特に三大都市に集中した人口急増から独身者や貧困層，「親
子心中」「児童虐待」などが社会問題となっていった。しかし，人口の

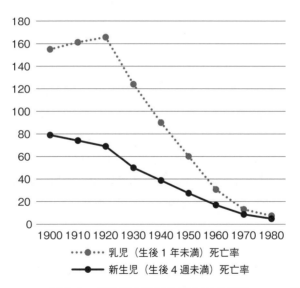

図 2-2　新生児と乳児の死亡率の推移　＊出生 1,000 対
（出典：国立社会保障・人口問題研究所編 2018 を基に筆者作成）

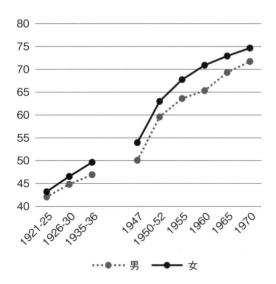

図 2-3　平均寿命の推移　　　　＊生まれ年別

（出典：日本人口学会編 2002 を基に筆者作成）

多くはまだ郡部に居住しており，1920 年の市部人口は全人口の約 2 割，
1940 年でも 4 割程度であった。

　子どもの死亡率の高さは前近代の特徴で，人々の平均寿命と家族生活
に大きな影響を及ぼしていたが，どのように変化しただろうか。生まれ
た子どもが無事に 20 歳に達する割合は，明治 20 年代から 30 年代（1891
年〜 1898 年）に，まだ 7 割前後であった。1920 年代以降，保健衛生や
福祉の発達によって死亡率は急速に低下した（**図 2-2**）が，戦後ようや
く 8 割を超え，1955 年に 9 割を超えた。ここにいたってようやく，家
族は，生まれた子どものほとんどが生き延び，夫婦もまた長生きして老
後を迎えることができる時代になったのである（**図 2-3**）。

　ところで，大日本帝国の歴史はすなわち戦争の歴史でもあり，家族も

それと無縁ではいられない。とりわけ 1938 年の国家総動員法制定・施行を重要な契機として推し進められた総力戦体制によって，日常生活のあらゆる局面が戦争を目的として再編されていった。また，太平洋戦争を開戦したのち，徴兵数は年々増加したため，女性が男性の代わりにさまざまな職種に就き，それにともなって妊産婦・母子保健や保育所の設立が進むなど，現代であれば少子化対策と女性の活躍推進に含まれる諸政策が行われた。と同時に，内閣は 1940 年に人口政策確立要綱を閣議決定し，翌 41 年に国民優生法を制定・施行するなど，人口増加政策を推進した。

　現実には，多数の徴兵と戦争によって家族生活は破壊された。1940 年代前半には死亡の増加に比して出産は微増にとどまった。また，夫の戦死により死別母子が増加した。

　それにもかかわらず，家族の在り方全般については，少なくとも 1920 年代から第二次世界大戦後まで大きな変化は見られず，戦争終結後の婚姻と出産の急増を特殊事情として，むしろ 1950 年代から現代までの変化が非常に大きい。図 2-4 に，近代以降の人口構造の変化を示す。近代以降の日本では人口が急激に増加したが，第二次世界大戦後までは一貫して 64 歳以下の人口が増加し，高齢者（65 歳以上）の割合は増えなかった。しかし，戦後から現代までの変化は複雑である。まず，子ども数が抑制されるという現代の少子化につながる変化があった。また，1980 年代からさらに少子化が進行し，同時に急激に高齢者が割合・実数ともに増えはじめて現代に至っている。

　表 2-1 にも，幾つかの家族の変化を示した。例えば「生涯未婚率」という名称で算出される 50 歳時の平均未婚割合を見ると，1920 年代から戦後まで変わらず皆婚社会であり，その後に未婚化が進んだといえる。少子高齢化も，同様に第二次世界大戦後の変化である。

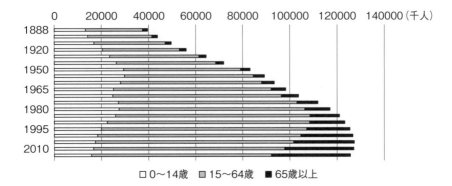

図 2-4　近代以降の人口構造の変化

（出典：国立社会保障・人口問題研究所編 2018 を基に筆者作成）

表 2-1　第二次世界大戦の前後における家族の変化

	1920 年	1950 年	2015 年
生涯未婚率（男性）	2.2%	1.5%	23.5%
生涯未婚率（女性）	1.8%	1.4%	14.2%
14 歳以下の全人口に占める比率	36.5%	35.4%	12.7%
65 歳以上の全人口に占める比率	4.8%	4.9%	26.7%
世帯規模の平均人数	4.99 人	5.02 人	2.38 人
夫婦と子どものみの世帯率 ※1	－	43.1%	27.3%
単独世帯率 ※2	5.72%	5.36%	32.64%

※1：普通世帯に占める割合。1920 年は不明，1950 年欄は 1955 年の数値

※2：普通世帯に占める割合。一戸を構えて住んでいる単身者の世帯。1980 年から
　　企業・官公庁の独身寮の入寮者も個々に単独世帯として計上している。それに
　　基づいた再計算によれば 1960 年の時点で約 270 万の世帯数増があり，単独世
　　帯率は 16.6％ となる。再計算した場合の 1950 年の数値は不明。

（出典：国立社会保障・人口問題研究所編 2018 を基に筆者作成）

　第 1 節で述べた地域性についても，婚姻年齢や世帯規模，親との同居傾向などは，東日本と西日本とで違いが見られた（木下 2015）。例えば1953 年における長男相続に関する意識調査において，「長男が一人で相続するのが当然だ」とするものが秋田県では 61.5%，岡山県では 32.9%という大差があった（福武 1972）。そもそも通婚圏が，1970 年代後半でさえ東西日本で大勢として分離していたというデータもある（鈴木1990）。

　第二次世界大戦後，「家」制度は，これが大日本帝国の思想的基盤になったという理由で解体された。家族への戦争の影響という場合，この制度的変化が最も大きいものといえるかもしれない。具体的には，両性の平等と合意による婚姻が憲法に規定され，戸籍法も戸主を廃止し親子二世代のみに限るものとされ，民法の全面改正とともに祖先祭祀の継承を慣習に任せるなど，家族制度の民主化と脱宗教化が行われたのである（1946 年日本国憲法制定，1947 年同施行，民法・戸籍法全面改正）。ただ，戦後も子の国籍の父系継承への限定（1984 年国籍法改正により廃止），法律における「尊属」「卑属」という呼称（刑法 1995 年改正により廃止。民法には現存），「嫡出でない子」への相続上の差別（2013 年民法改正により廃止）などが残った。夫婦同氏制は 2018 年現在も続いている。

　家族の変動について考えるとき，本章で概観した近代化の変遷，すなわち制度的変化と実態における変化を踏まえ，現行の制度のもと，実態としての家族に特に大きな変化のあった第二次世界大戦後から現代までの 70 余年間に注目していくことが必要である。

《学習課題》
① 　地域を一つ選び，歴史や家族にかかわる慣習などを調べよう。
② 　他の国々の歴史と家族の慣習を調べ，日本と比較してみよう。

引用・参考文献

遠藤正敬，2013，『戸籍と国籍の近現代史—民族・血統・日本人』明石書店

服藤早苗，1991，『家成立史の研究—祖先祭祀・女・子ども』校倉書房

浜野潔，2011，『歴史人口学で読む江戸日本』吉川弘文館

速水融，1997，『歴史人口学の世界』岩波書店

速水融，2009，『歴史人口学研究—新しい近世日本像』藤原書店

久武綾子，1995，『氏と戸籍の女性史—わが国における変遷と諸外国との比較』第4
　　版，世界思想社

人口問題審議会他編，1988，『日本の人口・日本の家族』東洋経済新報社

川島武宜，1957，『イデオロギーとしての家族制度』岩波書店（2000『日本社会の
　　家族的構成』筒井清忠解説，岩波書店所収）

木下太志，2015，「近代化初期における日本の地域性」落合恵美子編『徳川日本の
　　家族と地域性—歴史人口学との対話』ミネルヴァ書房，391-408頁

鬼頭宏，2000，『人口から読む日本の歴史』改訂版，講談社

小浜正子他編，2018，『中国ジェンダー史研究入門』京都大学学術出版会

国立社会保障・人口問題研究所編，2018，『2018　人口の動向　日本と世界—人口
　　統計資料集—』一般財団法人厚生労働統計協会

文部省教学局編，1941，『臣民の道』内閣印刷局

森本一彦，2006，『祖先祭祀と家の確立—「半檀家」から一家一寺へ』ミネルヴァ
　　書房

牟田和恵，1996，『戦略としての家族—近代日本の国民国家形成と女性』落合恵美
　　子編，2006，『徳川日本のライフコース—歴史人口学との対話』ミネルヴァ書房

日本人口学会編，2002，『人口大事典』培風館

落合恵美子編，2015，『徳川日本の家族と地域性—歴史人口学との対話』ミネルヴ
　　ァ書房

太田武男，1965，『内縁の研究』有斐閣

大竹秀男編，1988，『擬制化された親子』三省堂

沢山美果子，2008，『江戸の捨て子たち—その肖像』吉川弘文館

鈴木透，1990，「日本の通婚圏（1）地理的通婚圏」『人口問題研究』46（2），17-32
　　頁

戸田貞三，1937，『家族構成』弘文堂（2001　新版，新泉社）

戸田貞三，1944，『家と家族制度』羽田書店（1990　復刻版，湯沢雍彦監修『「家族・婚姻」研究文献選集』15，クレス出版）

坪内玲子，2001，『継承の人口社会学―誰が「家」を継いだか』ミネルヴァ書房

脇田晴子，1992，『日本中世女性史の研究―性別役割分担と母性・家政・性愛』東京大学出版会

義江明子，2007，『日本古代女性史論』吉川弘文館

3 | 戦後日本の家族の変化

稲葉昭英

《目標＆ポイント》
① 世帯と家族の違い，重なりを理解する。
② 世帯を中心とした統計データによって，家族の戦後の変化を理解する。
③ 人々の意識に関するデータからは，近年ほど個人化が進展しているにもかかわらず家族の重要性が高まっていることを理解する。
《キーワード》 世帯，世帯の小規模化，未婚化，きょうだい数の減少，子との同居率の変化，私化

1. 家族と世帯

（1）世帯とは

　数量的に家族の変化を扱う場合，まずは国勢調査をはじめとする大規模な統計調査の集計結果を用いることが基本となる。これらの統計では家族は世帯という単位で測定されているため，実際は世帯がどのように変化してきたか，ということが扱われることになる。

　世帯は「家計と居住をともにする集団」である。常識的にはこの集団はわれわれが家族と呼んでいる集団と重複するものの，完全に一致するとは限らない。第2章でも触れたように，かつて自営業世帯などでしばしば見られた親族関係のない住み込みの従業員や家事手伝いなどの人々は，同一世帯に居住しながら家族とは認識されないことも多かった（同居非家族員と呼ぶ）。また，現在でも単身赴任や寮生活など，仕事上の都合や学校への通学のために，家族だが一時的に別世帯に居住している

人々もいる。これらの人々は別居家族員，あるいは非同居家族員と呼ばれる。

「家族」ではなく「世帯」が測定される理由は，世帯のほうが測定が容易だからである。家族を「ある人にとって家族だと認識している関係」として測定しようとすると，そうした認識が「家族とされたメンバー間」で一致するとは限らない。また，同一個人でさえ家族の範囲は「誰と家族について語るか」によって変化する部分がある。

このように，一般的な社会調査で家族それ自体を測定しようとするとさまざまな問題にぶつかる。一方で世帯は一緒に住んでいるかどうか，家計を共有しているかといった指標によって範囲を確定するものであるため，人々の認識のずれが生じる余地は少ない。このような理由で多くの社会調査では世帯を単位として測定が行われている。

（2）家族と世帯の一致・不一致

それでは，世帯はどのくらい家族と一致するのだろうか。「家族は夫婦・親子・きょうだいなどの親族関係によって構成される」という見方に立った場合，世帯の中に非親族のメンバー（非親族世帯員）がどのくらい含まれているかが問題となる。森岡清美（1981）は国勢調査データを用いてこの問題を綿密に検討した。森岡は，国勢調査上に分類される親族世帯（世帯主と親族関係にある者が1名以上存在する世帯で，いわゆる家族のイメージと対応が大きい世帯）における非親族の比率を第1回国勢調査（大正9年，1920年），およびその後の国勢調査データを用いて検討した。その結果，かつて親族世帯内の総人口の6％程度存在していた非親族世帯員が時代とともに減少し，1975年時点で0.3％程度と親族世帯の親族化（事実上の世帯の家族化）が進行したことを明らかにした（表3-1）。

なお，森岡を補う形で2005年時点の数値を求めると0.1％と，さらにこの傾向が進んでいることが分かる。世帯内の親子・夫婦・きょうだいなどの親族関係を家族関係と見なせば，居住と家計を共同にする範囲が家族員に限定されるようになったこと，すなわち世帯の家族化が進行したことが分かる。これは，かつて見られたような住み込みの自営業従事者や家事使用人などの非親族の人々が単独世帯（ひとり暮らしの世帯）に居住するようになった結果として生じた側面が大きい。こうした変化の背景には単身者向けのアパートやマンションの増加があるが，以上の傾向はアメリカについても指摘されており（Hareven 1982），家族の大きな変化の一つとされている。

一方で一時的に別居する家族員についての時代的変化は不明な部分も多い。家族という名称をあえて避け，「一時的に別居している」と調査対象者によって判断された世帯員について，第2回全国家族調査データ（NFRJ03，2004年実施）から検討した稲葉（2009）は，28-78歳の回答者の所属する世帯全体の13％ほどにこうした一時的別居世帯員が存在することを報告している。これら一時的別居世帯員と認識される人々

表3-1　親族世帯人員に占める非親族の％

年次	％
1920	5.99
1960	1.92
1965	1.26
1970	0.81
1975	0.33
2005	0.1

注：1920-1975の数字は森岡（1981）による。（出典：森岡（1981）を基に筆者作成）

は男女とも 20 代が圧倒的に多く，進学や就職のために別居していることがうかがえる。なお，親たちはこうした子たちのことを結婚するまでは「一時的」に別居しているものと見なす傾向が強く，子どもの結婚後は一時的ではなく完全な別世帯と認識されることも指摘されている（稲葉 2004）。

　このように，世帯は家族とは必ずしも同じではないが，少なくとも世帯のメンバーが家族によって構成される傾向は近年ほど強くなっている。では，こうした世帯の家族化は他のどのような変化と連動するのだろうか？

2. 世帯構成の変化

（1）世帯の小規模化

　まず想定されるのは，世帯人数の減少である。これについて，国勢調査の結果を見てみよう。国勢調査は何度か世帯分類が変化しているため，時系列の厳密な比較はそれほど簡単ではない。図 3-1 は国勢調査による普通世帯の平均世帯人数の変化を時系列で示したものである。なお，総世帯から寮・施設などの準世帯を除いたものが普通世帯であり，普通世帯にはひとり暮らしである単独世帯も含まれる。今日の統計では一般世帯という世帯分類のほうがよく使われる。普通世帯による分類では下宿や寮などに居住する単身者世帯は準世帯とされ，普通世帯中の単独世帯に含まれないが，一般世帯ではこれらは単独世帯に含まれる。このため，一般世帯のほうが単独世帯数は多くなり，単独世帯の占める比率も高まるが，90 年代以降は両者の差異は小さい。また，総世帯に占める普通世帯の比率は 1920 年時点で 99％，2010 年時点でも 98％近くを占めているため，普通世帯の平均値は総世帯の平均値とほとんど差異はない。

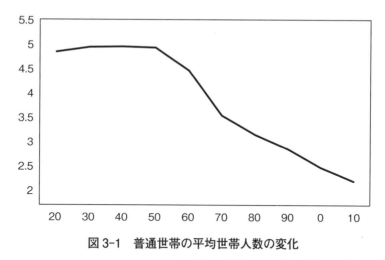

図3-1　普通世帯の平均世帯人数の変化

＊横軸は西暦年下 2 桁，縦軸は人数の平均値

（出典：国立社会保障・人口問題研究所 2017，p.116 を基に筆者作成）

　図 3-1 から明らかなように，世帯人数の減少は現在まで一貫して続いているが，特に 1950 年以降に急激な低下があったことが分かる。この時点まで 5 人近くあった平均値がその後一貫して減少を続け，2010 年には 2.46 人となっている。

　こうした世帯人数の大幅な減少の背景にあるのは，まずは一世帯あたりの子ども数の減少である。出産をほぼ終えていると考えられる 45-49 歳の有配偶女性について，女性の出生年別に出産した子ども数を図 3-2 に示した。出生年に 25 年を加えた数値をおおよそ子どもの出生が生じた時期の目安とすると，一番古い戦前に子どもを産んでいた 1900-1905 年生まれでは 6 割以上が 4 人以上の子どもを出産している。しかし，戦中から戦後直後に出産を経験したと思われる 1920-25 年生まれでは 4 人以上は 3 割を割り込み，3 人とほぼ同じくらいになる。ほとんどが戦後

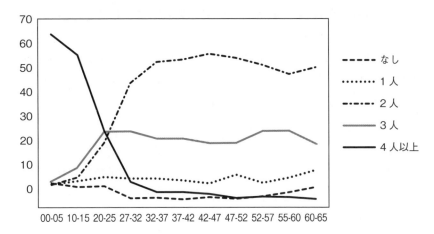

図 3-2　妻の出生年別にみた 45-49 歳時点の出産子ども数

＊横軸は妻出生年を西暦下 2 桁で表示，縦軸は％
（出典：国立社会保障・人口問題研究所 2017，p.70 を基に筆者作成）

に出産を経験したと思われる 1927-32 年生まれでは 2 人が最も多くなり，
以降は 2 人が半数ほどで推移していくと同時に，4 人以上は 1 割を下回
って推移していく。1920-25 年生まれ以降は 3 人がおよそ 25％ から 28
％ の間で推移するが，興味深いことに 27-32 年生まれ，つまり 1950 年
代に子どもを産んだ世代以降は 30 年ほどの期間中にパターンに大きな
変化が見られない。戦前から戦後直後に大きな変化があったが，それ以
降の変化は概して小さいのである。このように，平均世帯人数の変化の
背景には 4 人以上の子どもを産む時代から 2 人ないし 3 人の子どもを産
む時代へと大きな変化があったことが分かる。なお，これらの背後には
政府による出生抑制政策の影響もあったことが知られている（第 9 章を
参照）。

　子ども数の変化の背景には，経済成長によって世帯の経済状態が安定

したことがあげられる。総務省「労働力調査」によれば，1956年には第三次産業従事者数が第一次産業従事者数を上回り，企業などに勤務する給与所得者の夫と，専業主婦の妻という組み合わせが多く出現した。世帯の経済的な安定とともに出生子ども数の減少が生じ，子どもは2人という考え方が高度成長期間中に強まったようだ。

　変化自体は小さいが，興味深いのは「子どもなし」と「一人っ子」の動向である。「子どもなし」の占める比率は一貫して1割以下であるが，近年は少しずつ上昇している。また，一人っ子も1割前後で推移しているが，近年やはり上昇しており，逆に3人が減少する傾向が見られる。1960年代初頭から1世帯あたりの子ども数のパターンはほとんど変化が見られなかったが，近年微妙な変化が生じつつあることが分かる。

（2）世帯構成の変化

　さて，子ども数の減少だけでは一貫した平均世帯人数の低下傾向を説明できない。ここで想定できるのは，単独世帯に暮らす人々の増加や子どもと同居しない老親の増加である。いずれも家族研究にとって大きなテーマであるが，まずは世帯構成の趨勢を検討してみよう。

　図3-3は国政調査による普通世帯の内訳の年次別変化をグラフにまとめたものである。意外なことに核家族世帯（夫婦のみ，夫婦と子，ひとり親と子，からなる世帯）の比率が1955年から2010年まで60％前後と大きくは変化していないことが分かる。この意味で「核家族化」という変化はここからはほとんど確認できない。一方，「核家族以外の親族世帯」はかつての35％くらいから10％ほどに減少し，代わって単独世帯が一貫して上昇し最終的には30％を上回っている。親夫婦・子夫婦が同居するような「核家族以外の親族世帯」が一貫して減少し，代わってひとり暮らしが増加していることが分かる。世帯人数の減少の背景には，

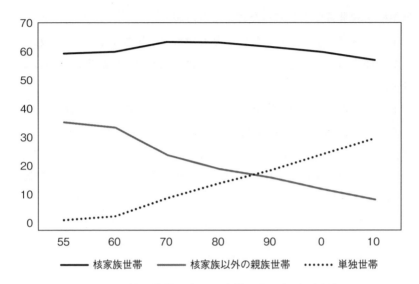

図 3-3　普通世帯に占める世帯分類の年次別変化

＊横軸は西暦下 2 桁，縦軸は％

（出典：国立社会保障・人口問題研究所 2017，p.119 を基に筆者作成）

こうした多世代世帯の減少と単独世帯の増加が存在することも分かる。

　なお，核家族世帯の比率が時代的にそれほど変化しない理由の一つ
は，寿命の変化にある。親夫婦と子夫婦との同居が世代的に再生産され
るような伝統社会における直系家族制下であっても，寿命が短い時代に
は多世代の同居が実現することはまれで，核家族世帯が多かった。正岡
寛司（1983）は山梨県下の一農村の 1825 年から 1869 年の宗旨改帳を用
いて当時の農村に生きた人々のライフコースを分析し，世帯継承者であ
る孫の半数は誕生前に祖父が死亡しており，7 割が 10 歳到達時までに
祖父を亡くしていること，祖母は 10 歳到達時までに半数が死亡してい
ることを明らかにした。この例では年長の男子でさえも 10 歳以降は半

数が核家族世帯に属していたことになる。

　また，核家族は夫婦と若年の子どもからなる世帯がイメージされやすいが，後述のように近年では高齢の両親と無配偶の中高年の子からなる世帯が増加している。

　単独世帯の増加は近年顕著であるが，どのような人が単独世帯を形成しているのだろうか。2015 年の国勢調査報告に基づいて年齢別に単独世帯の比率を示したものが図 3-4 である。男性は 20 代前後の時期に，女性は高齢期に単独世帯比率が高いことが分かる。男性は進学・就職を期に定位家族世帯から単独世帯へと離家するが，高齢期の単独世帯比率は女性に比して少ない。女性は男性よりも進学・就職による離家は少ないが，高齢期には配偶者との死別を経験する確率が男性より高く，この

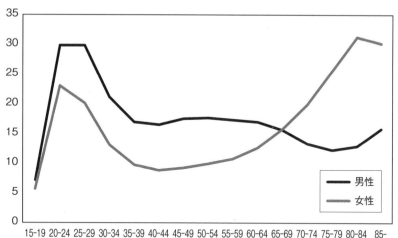

図 3-4　性別年齢別にみた単独世帯比率

＊横軸は年齢，縦軸は％

（出典：平成 27（2015）年度国勢調査報告を基に筆者作成）

ために単独世帯比率が高くなる。

　単独世帯の増加は晩婚化や未婚化と対応して若年のひとり暮らしの増加と対応するかのような印象を与えるが，近年の単独世帯の増加は高齢化にともなって，特に高齢女性の単独世帯が増加したことに大きく起因している。

（3）老親と子どもとの同居の変化

　平均世帯人員の減少，高齢期の単独世帯比率の増加は，高齢者が子ども夫婦と同居するパターンが減少している印象を与える。こうした変化は実際に見られるのだろうか？

　日本の家族研究は，日本の伝統的な家族の在り方をその居住規則に着目して直系家族制と想定してきた。直系家族制とは子どもの一人（多くは長男）の結婚後の同居を原則とする家族の在り方で，同居が世代的に連鎖し，それにともなって家系・家産が継承されていくような家族の在り方をいう（森岡・望月 1987）。これに対して結婚後にすべての子どもが親と別居することを原則とするのが夫婦家族制である。こうした家族規範の整理・類型化を試みた森岡（1976）は，戦後日本の家族の変化を直系制から夫婦制への変化と位置付けた。第2章でも触れたように，近年の研究では老親と有配偶子との同居パターンは地域的な差異が大きく，森岡のいう直系制にあてはまらない地域が存在することも指摘されているが（清水 1992），社会保障制度の存在しない時代に高齢者の生活は子どもたちとの同居という形をとることが多く，少なくとも東日本では広くこの形態が見られた。

　高齢者の子どもとの同居状況について，厚生労働省による国民生活基礎調査の結果から65歳以上の高齢者の子どもとの同居状況を検討してみよう。1970年代には65歳以上の高齢者の7割以上が子どもと同居し

ていたが，図3-5のようにこの比率は一貫して低下しており，近年では
無配偶の子との同居が有配偶の子との同居を上回っている。欧米と比較
すればそれでも高齢者の子ども夫婦との同居率は高いが，長期的な低下
傾向は明らかであり，地域的な差異は存在するものの子夫婦が親と同居
するというパターンは少なくなっている。

　年金制度の確立・普及によって高齢者の経済的な自立が進んだ結果と
して，経済的な理由で高齢者が子ども夫婦と同居する必要性は小さくな
った。実際に，総務省「高齢者比較調査」などの結果からは，高齢者の
子どもとの同居希望の意識は一貫して小さくなっており，高齢者の自立
志向が強まっているようである（稲葉 2013）。

　一方で注目すべきは，高齢者と無配偶の子との同居率が上昇している

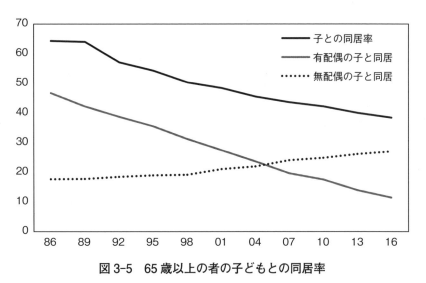

図3-5　65歳以上の者の子どもとの同居率

＊横軸は西暦下2桁齢，縦軸は％
（出典：国民生活基礎調査の結果を基に筆者作成）

ことである。これは，未婚化・晩婚化の結果として長期的に親と同居を続ける子どもが増加していることを意味する。近年増加している中年期の無配偶者の中には経済的に不安定な状態の者も少なくないため，子世代には親に経済的に依存する必要が大きくなっている側面がある。

　このように，有配偶の子との同居は減少しているものの，無配偶の子との同居は増加しており，両者を合算すると，高齢者の子どもとの同居率は 40％ほどになり，国際的には極めて高いものとなる。

（4）未婚化・晩婚化

　1980 年代以降特に顕著になってきたのが未婚化・晩婚化である（詳細は第 7 章）。図 3-6 に見るように，平均初婚年齢は近年ほど上昇を続け，2016 年時点で男性 31.1 歳，女性 29.4 歳となっている。同時に未婚化も進展し，50 歳時未婚率（生涯未婚率と呼ばれる）の年次別推移を見ると，近年ほど未婚者は増加し，男性では 25％近く，女性では 15％近くが未婚のまま生涯を終えると予測される。

　未婚化・晩婚化は家族に大きな変化をもたらしている。未婚化は特に 40 代，50 代で親と同居する無配偶の子の増加をもたらした。40 代，50 代の未婚者の変化に特に注目して見ると，いずれも親族世帯居住者の比率が増加している。男女ともに 44-49 歳層では，10 年間で 10％ポイントほどもこの比率が上昇している。2000 年以降，特にこうした高齢の両親と中高年の無配偶の子の同居が増加したが，両親のどちらかが死亡すると高齢のひとり親世帯が形成される。このため高齢の母子世帯の増加も著しい。また，未婚の単独世帯居住者は特に男性の 50 代以降に増加が顕著であるが，これも親と同居している未婚者が両親の死亡によって単独世帯居住者となっていることが推察される。

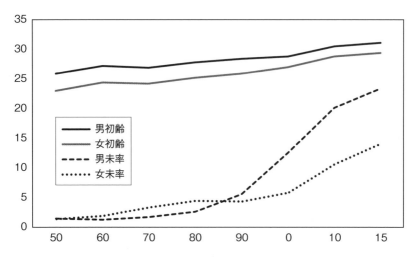

図3-6　男女別に見た平均初婚年齢と50歳時未婚率（生涯未婚率）

＊横軸は西暦下2桁，縦軸は初婚年齢については年齢，未婚率については％。

（出典：国立社会保障人口問題研究所2017，p.103，p.109を基に筆者作成）

3. 家族についての意味付けの変化

（1）家族についての主観的重要性の変化

　世帯の小規模化の背後に家族構成の変化があることを見てきたが，では人々の家族に対する意味付けの変化は見られるのだろうか。統計数理研究所による「日本人の国民性」調査（以下，国民性調査と略）の結果を見てみよう。

　国民性調査は1953年から継続的に行われている代表性のある標本調査である。「あなたにとって一番大切と思うものは何ですか」という問いに対する自由回答の結果を図3-7に示す。意外なことに，1960年代は「家族」（子ども，配偶者，親など）よりも「生命・健康・自分」が

多く，80年代になって「家族」がこれを上回り，一番大事なものとされるようになる。この結果からすれば近年ほど家族を重視する傾向が強まっていることになる。

　国民性調査では，全般的に意識が個人化していることが指摘されている（坂元 2000）。個人化とは個人の選択・自由を重視する方向への変化である。坂元は個人にとっての家族の重要性の高まりを「私生活を優先する価値観の顕在化」と位置付けている。こうした私生活を中心化する傾向は私化（privatization）と呼ばれ，事象から公的な制度性が後退し，「個人的なもの」として個人によって再構成されていくことを意味する。この意味で，社会全般の個人化と個人にとっての家族の重要性の高まり

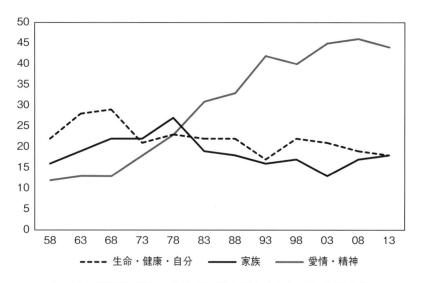

図3-7　国民性調査による「一番大切なもの」の年次別変化

＊横軸は西暦下2桁，縦軸は％
（出典：統計数理研究所「日本人の国民性」調査結果を基に筆者作成）

とは矛盾するものではない。私化によって家族には愛情や慰安，楽しさといった表出的な要素が求められるようになるからである。森岡（1983）は家族から経営体としての公的な要素が消失し，プライベートな空間が確立していくこうした過程を「私秘化」と呼んでいる。

　以上のような過程が進行するならば，個人にとって不快・不満足な関係は離婚や別居によって解消されやすくなると予想できる。同時に家族や夫婦関係に期待されるものが高度化し，それまでは不問に付されていたことが満足のいかないものと評価されることも多くなるだろう。

（2）家族生活への満足度の動向

　国民性調査では 1973 年以降に「現在あなたはどのくらい幸せですか」という問いのあとに「では家庭についてはどうですか」という問いによって家族生活の満足度が測定されている。この結果を示したのが図 3-8 である。1973 年時点でも，直近の 2013 年時点でも「満足」「やや満足」は合計で 80％を超えており，全般的に満足度は高い。ただ，近年のほうが「やや満足」の比率が高く，「満足」は古い時代のほうが多いようだ。全体的に見れば近年ほど不満が多くなっているという傾向は読み取れないが，家族に期待されるものが多くなった結果，「満足」がやや減少しているといえそうである。

　従来よりも結婚や家族の在り方が問い直されることが多くなったことはほぼ間違いないようだ。

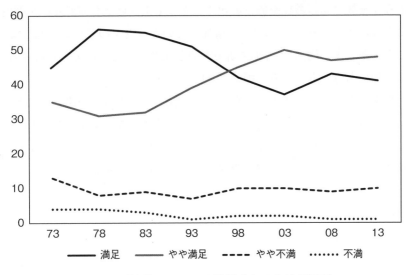

図 3-8　「家族についての満足度」の年次別変化

＊横軸は西暦下 2 桁，縦軸は％

（出典：統計数理研究所「日本人の国民性」調査結果を基に筆者作成）

4．家族はどのように変化したのか

　家族はこの 50 年ほどの期間中に小規模化し，個人化が進展した結果，制度性は後退するものとなったが，依然として人々にとって重要な関係であり続けている。未婚化という大きな変化が進展しているが，未婚化は人々が「結婚や家族について価値を認めなくなった」結果として生じたとは考えにくく（第 7 章参照），むしろ高い価値や理想を置くからこそその実現が難しくなっていると考えたほうがよいようだ。

　未婚化に加えて離婚の増加によって母子世帯で暮らす子どもたちも増加している。この結果，結婚し，その初婚を継続させて高齢期を迎える

ような家族（初婚継続家族）の比率はかつてより低下しており，世帯内に夫婦関係が存在しない家族が増加している。近年の家族の変化とは，こうした人々の増加，すなわち非初婚継続家族（あるいは非初婚継続者）の増加にあるともいえる（稲葉 2011）。

　従来からこうした人々は存在したが，社会に占めるその比率は大きくはなかった。こうした変化が人々によって認識されるようになると，家族についての考え方も変化していくことが予想される。今後，人々の結婚や家族についての考え方の変化に注目していく必要は大きい。

《学習課題》

① 　公表されている官公庁の統計を用いて，家族や世帯の変化を考察してみよう。
② 　家族は多様化しているのか，多様化とは何を意味するのか，考えてみよう。

引用・参考文献

Hareven, Tamara K., 1982, *Family time and industrial time: the relationship between the family and work in a New England industrial community.* Cambridge University Press. = ハレブン，タマラ，2001，『家族時間と産業時間』正岡寛司監訳，早稲田大学出版部

稲葉昭英，2006，「一時的別居世帯員」西野理子・稲葉昭英・嶋﨑尚子編『夫婦，世帯，ライフコース：第2回　家族についての全国調査（NFRJ03）2-1』（第2次報告書 No. 1），153-165 頁

稲葉昭英，2009，「一緒に住んでいる人・いない人」藤見純子・西野理子編『現代日本人の家族：NFRJ からみたその姿』有斐閣，15-24 頁

稲葉昭英，2011，「NFRJ98/03/08 から見た日本の家族の現状とこれから」『家族社会学研究』23（1），43-52 頁

稲葉昭英, 2013, 「わが国における家族の動向とその将来について」『家庭裁判月報』 65 巻 6 号, 1-53 頁

国立社会保障・人口問題研究所, 2017, 『人口の動向　日本と世界』厚生統計協会

正岡寛司, 1983, 「近世末期農民の家族関係とライフコース：『宗旨改帳』の時系列 分析をとおして」喜多野清一編『家族・親族・村落』39-68 頁

森岡清美, 1976, 「社会学からの接近」森岡清美・山根常男編『家と現代家族』培 風館, 2-22 頁

森岡清美, 1981, 「非家族的生活者の推移」『季刊社会保障研究』16 （3）, 82-93 頁

森岡清美, 1983, 「日常生活における私秘化」『社会学評論』34 （2）, 130-137 頁

森岡清美・望月嵩, 1987, 『新しい家族社会学』（改訂版）培風館

坂元慶行, 2000, 「日本人の考えはどう変わったか―「日本人の国民性調査」の半 世紀―」『統計数理』48 （1）, 3-32 頁

清水浩昭, 1992, 『高齢化社会と家族構造の地域性―人口変動と文化伝統をめぐっ て―』時潮社

4 | 企業中心社会の成立と就業・家族

山田和代

《目標＆ポイント》
① 戦後日本社会における日本的雇用慣行の定着と企業中心社会のもとでの就労について理解する。
② 日本的雇用慣行における就労とジェンダー問題との関連について理解する。
③ 雇用をめぐるジェンダー格差についてどのような是正運動があったのかを学ぶ。

《キーワード》 日本的雇用慣行，性別分業，雇用の女性化，男女雇用平等

1. 日本的雇用慣行の定着

（1） 産業構造の転換と就業構造の変化

　戦後日本社会において，高度経済成長期の企業内雇用管理制度のもとで就労は変化した。それまでの農業や漁業あるいは家族経営の小商店などで家族構成員と共に就労するという働き方から，企業や事業所での雇用へと移行していった。このことは，人々の日々の生活や生き方，そして社会の在り方にも影響をもたらした。

　本章では，高度経済成長期から 1980 年代までの労働市場の変化と日本的雇用慣行の特徴について説明していく。高度経済成長期といわれる 1950 年代半ばから 1973 年の第 1 次石油危機までの約 20 年間にわたるこの時期に，国内総生産（GDP）は時に 2 桁に及ぶ経済成長を遂げた。総務省「国勢調査」によれば，1955 年に就業者は第一次産業において約半数を占めたが，第二次，第三次産業の成長により産業構造の転換が生じ

たことで，就業構造も変化した。1970 年に就業者は第二次産業に 34.0％，第三次産業で 46.6％ を占めるようになった。あわせて，従業上の地位別でも，自営業主や家族従業者の割合は減少し，雇用者が過半数を占めた。

　ただし，就業者のうち雇用者比率が過半数を占める時期は男女間で異なり，「国勢調査」によれば，男性では 1955 年に，女性では 1970 年であった。また，代表的な労働統計である総務省「労働力調査」では，男性では 1953 年には既に過半数を超え，女性では 1961 年であった（図 4-1）。

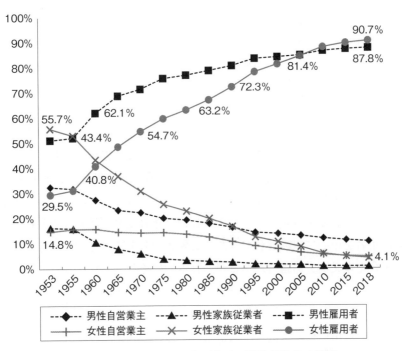

図 4-1　従業上の地位別，性別の就業者比率の推移

（出典：総務省「労働力調査」を基に筆者作成）

　雇用者の増加は，製造業，建設業，卸売・小売業やサービス業などの産業で従事する人々を増やし，同時に人々がそうした産業の企業や事業所に雇われることでもあった。そして，経済成長により労働需要は高まり，「金の卵」と称された新卒の若年者に注目が集まっていく。

（２）日本的雇用慣行の「三種の神器」

　企業の雇用管理の仕組みは細部においては各社によって異なるが，その一方で特徴的な雇用制度が見られた。それは日本的雇用慣行の「三種の神器」といわれる「終身雇用」「年功賃金」「企業別労働組合」であった。

　終身雇用は，学校を卒業後すぐに企業に採用され，定年退職するまで長期にわたり同じ企業での雇用が保障される仕組みである。年功賃金は，年（年齢，勤続年数）に比例して賃金が上昇する賃金制度で，右肩上がりの賃金カーブを描いた。敗戦直後の日本では，団体交渉を通じて生活保障給的な思想に基づくこの賃金制度が具現化するという歴史的背景がある。そこでの賃金の考え方は，男性の稼得賃金で妻や子どもを扶養する「家族賃金」であった。この２つの雇用慣行の特徴は，戦前の1920年代には既に見られたという。企業別労働組合は，企業ないし事業所単位で組織される労働組合で，組合員資格はその企業の従業員であり，正規雇用者を中心に組織されてきた。労働組合のタイプとしては職業別労働組合や産業別労働組合があるが，日本ではそれらと異なる企業別組合の比率が高い。その歴史的背景には，近代化後の同業者組織の未発達（二村 1994）や戦時期の産業報国会の存在（佐口 1991）などがある。

　日本的雇用慣行の特徴は，大企業の，男性の，正規の雇用者では明確に見られるが，中小零細企業の，女性の，非正規の雇用者では前者ほどはではなく，その恩恵からも漏れている点に留意する必要がある。例え

ば，近年では民間事業所での定年退職を経験する女性が少なくないが，高度経済成長期においては，女性雇用者を対象に結婚を理由とする退職勧奨である「結婚退職制」や，一定年齢に達すると退職を求める「若年退職制」を設ける企業が少なくなかった。1966 年の東京地裁で判決が出された住友セメント事件はその典型的なもので，民法 90 条に基づき公序良俗に反するとして結婚退職制の違法性が日本で最初に認められた。そのほかにも，男女間で扱いが異なる定年制や退職の仕組みに対して多くの訴えがあり，これまでに労働者勝訴の判例が重ねられてきた（21 世紀職業財団 2018）。

　就業継続がかなわぬ職場がある一方で，高度経済成長期には「男は仕事，女は家庭」という性別分業の規範を伴ったいわゆる専業主婦のいる片働き世帯が形成された。専業主婦世帯は 1990 年代半ばまでは雇用者世帯の過半数を占めていた。専業主婦によって担われた家事，育児，そして介護などの無償の労働は，夫の就労を支え，家族構成員にとって不可欠なケア労働と位置付けられる。だが，こうした性別分業は時に「会社人間」「モーレツ社員」と称された働き方を可能にする背景にもなっていた。

　他方で，高度経済成長期の雇用者数は男女ともに増加したが，こうした雇用者世帯の家計収入は雇用による稼得賃金ばかりでなく，家内労働（内職）からの収入も無視できない。図 4-2 は，1970 年からの推移であるが，当時の家内労働者の多さを示している。家内労働者の 9 割以上は女性によって占められ，160 万人を超えていた。家内労働は有配偶女性にとっても就労の機会となり，内職に従事しながら家事や子育を担い，「家計補助的な収入」を得ていた。

　ただ，この図から分かるように，家内労働者数は減少の一途をたどり，他方で高度経済成長期以降，労働市場では女性雇用者が増加し始めている。

62

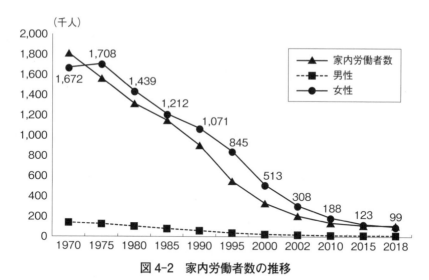

図 4-2　家内労働者数の推移

（出典：厚生労働省「家内労働概況調査」および総務省「労働力調査」より筆者作成）

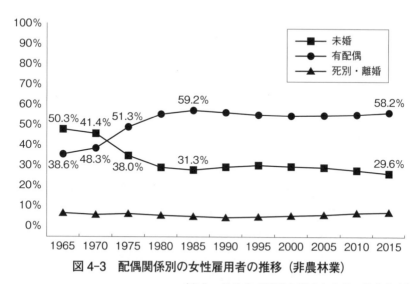

図 4-3　配偶関係別の女性雇用者の推移（非農林業）

（出典：総務省「労働力調査」を基に筆者作成）

その中でも有配偶の女性雇用者の割合は 1965 年の 4 割弱から上昇し続け，1980 年代以降は約 6 割に近い水準となっていく（図 4-3）。

2. 企業中心社会と性別分業

（1）女性労働と企業中心社会

　1970 年代の石油危機以降，日本社会は「企業中心社会」として位置付けられる。企業中心社会とは，企業の利潤活動を優先するために個人の自由が制限される社会である。この定義内容は，国民生活審議会総合政策部会基本政策委員会の「個人生活優先社会をめざして」（中間報告）によるもので，1990 年代を前後して「企業中心社会」や「会社社会」「会社人間」への批判が高まる。企業中心社会といわれる日本社会の在り方に対しては，研究者による批判的分析もなされた（渡辺 1990，東京大学社会科学研究所編 1992，大沢 1993，内橋ほか 1994，森岡 1995）。

　特に大沢（1993）は，企業中心社会の基軸には日本の社会の独特の「ジェンダー関係」（「両性がとりむすぶ公私のさまざまな関係」，ジェンダー役割）があると指摘する。同書は，企業中心社会が雇用構造や生活構造での男性中心のジェンダー関係に基盤をおいているばかりでなく，社会保障や家族政策をも含む社会政策の政策立案やその実施を通じて形成されたと論じた。そして，その確立の時期は石油危機以降としている。

　企業中心社会が形成される時期の労働市場の動向を見てみよう。労働市場への参入を表す指標に労働力率（労働力人口／15 歳以上人口 × 100）がある。1970 年代以降の労働市場では，男性が 10 代を除けば多くの年齢階層で労働市場に出ているのに対し，女性は 20 代前半までは男性と同じ労働力率の形状を示すが，20 代後半から 30 代前半にかけては労働市場から撤退し，その後 30 代後半から再び参入するために曲線は上昇する。この背景には，結婚や子育てを理由に企業や事業所から離職・就労

中断し，子育てが一段落する時期に再び就労を開始することがあげられる。男性とは異なり，女性の就労曲線が「M字型」を描くのはそのためである。

　図4-4では，M字型曲線の谷が徐々に上がっているのが示されるが，1970年から90年の20年間の子育て期の数値変化は大きいとはいえない。先進諸国の労働力率の曲線が台形型や逆U字型へと変化しているのに対し，日本は特異な形状を描き続けている。その背景には，女性の就業継続を阻む企業内の雇用制度や慣行，育児・介護などの支援体制の未整備，家庭責任をめぐる性別分業や社会規範などがあげられる。

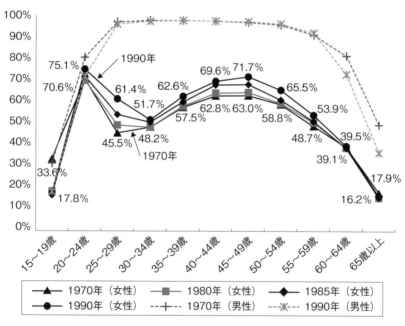

図4-4　性別，年齢別労働力率の推移（1970年〜1990年）

（出典：総務省「労働力調査」を基に筆者作成）

　石油危機後の低成長期に，企業内では人件費の抑制をはじめとする合
理化が進められ，男性の雇用保障と引き換えに女性の非正規労働者が雇
用調整のバッファーとして位置していた。そうした非正規労働者の賃金
は，年功賃金に見られるような企業内賃金制度の仕組みに基づいた右肩
上がりの賃金水準というよりは，地域相場に依拠し，最低賃金に幾分か
額が上乗せられた家計補助的なものにとどまった。長期雇用が保障され
ていた男性についても，その賃上げ水準は高度経済成長期に春闘で獲得
した 2 ケタ台のものから生産性に準拠した数パーセントの伸びへと低下
した（野村 1998，大沢 1993）。

　世帯内ジェンダー関係については，1970 年代末にはいわゆるサラリー
マン男性と専業主婦のカップル比率が最も高い水準となった（大沢
2002：71-73）。図 4-4 における女性の M 字型の就労曲線が示すように，
そこには，結婚まで正規雇用ではあるが結婚後はパートタイム雇用に就
くことで労働市場に再参加し，その賃金額が家計補助的であってもそれ
を甘んじて受け入れなければならない日本社会の構造が存在した。

　また，労働組合運動は 1970 年代の中頃を境にそれまでの「戦闘的」
なものから「協調的」な運動へと変化し，その影響力も逓減へと変わっ
ていく。今日まで続く推定労働組合組織率の低下（図 4-5）はそれを物
語っており，労働者の要求実現の回路が危ぶまれている。低成長期に日
本経済は諸外国から見れば回復力を有していたかもしれないが，内部労
働市場（企業内労働市場）では性別による雇用形態の違いや賃金の格差
が形成されていくのである。

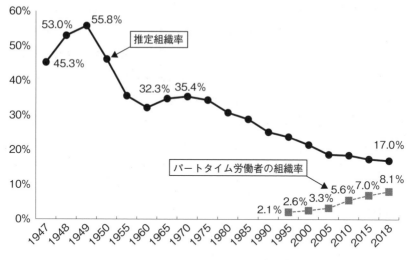

図 4-5　労働組合の推定組織率の推移

（出典：厚生労働省「労働組合基礎調査」を基に筆者作成）

3. 労働市場におけるジェンダー問題—1980 年代の様相

（1）雇用の女性化の進展

　男性雇用者を標準として形成された雇用制度と，その下で個人の自由の制限や雇用者自身およびその家族が企業への「忠誠」に邁進する企業中心社会は，企業内の労働力編成においてジェンダー間の偏りや格差を含んでいた。

　「労働力調査」によれば，女性就業者総数のうち雇用者比率は 1970 年の 54.7%，80 年の 63.2%，90 年の 72.3% へと上昇し，雇用者総数に占める女性の割合は 70 年の 33.2% から 80 年の 34.1%，90 年の 37.9% へと変化した（図 4-6）。石油危機の後，女性の進学率上昇とあいまって就業を継続する女性たちも現れてくる。女性が雇用者として労働市場へ参入し，

その比率を高めていくこの現象を「雇用の女性化」と呼ぶ。それは現在まで進行を続け，2018 年の雇用者総数に占める女性の割合は 45.0% である。こうした雇用の女性化は当時，「女性の社会進出」と称されたが，それは女性が企業内の雇用管理制度のもとで就労することと同時に，場合によっては雇用をめぐる差別や格差に直面することでもあった。

　石油危機後の合理化による人件費削減や後にグローバル化が進む大競争の中で，女性中高年既婚者は弾力的な労働力として編成され，非正規雇用の増加が進行した。そして，その低い労働条件は次第に表面化していく。男性には正規雇用が予定されている一方で，女性には若年期での正規雇用の機会はあっても，中高年期の既婚者においてはフルタイムの正規雇用への就労はたやすくなく，パートタイム労働に就かざるを得な

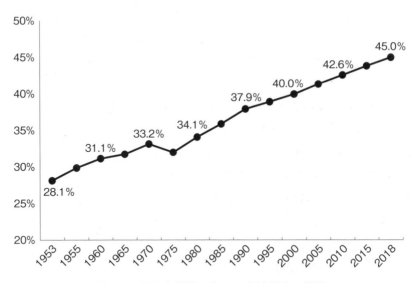

図 4-6　雇用者総数に占める女性割合の推移

（出典：総務省「労働力調査」を基に筆者作成）

かった。その背景には，企業の採用の仕組みや，家庭での無償労働の担い手という性別による役割分担の存在があった。

（2）企業中心社会における男女雇用平等の要求

　雇用をめぐるジェンダー間の格差・差別は，賃金をはじめとして，募集，採用，配置，昇進・昇格，退職などの多くの場面で生じていた。労働条件の最低基準を定める労働基準法は，その第4条で男女同一賃金の原則を示している。ただこの条項は賃金についてのみ男女差別を禁止するだけで，1985年の男女雇用機会均等法やその後の労働関連法の制定や改正が進むまで，さまざまな労働条件をめぐる差別の禁止は遅々として進まなかった。当時の労働環境の改善や体制の整備は今日以上に不十分な状況であり，こうしたことも差別・格差の是正を遅らせていた。

　そうした雇用の状況下での労働組合の役割を見ておこう。労働組合は，労働組合法にもあるように労働者の団結組織であり，労働者の地位の向上や労働条件の改善を主な役割としている。もちろん，労働者への差別や格差是正においてもその役割が期待されている。

　男女雇用平等の実現をめぐっては女性組合員や女性たちを中心に運動が展開され，なかでも1975年の国際女性年（1985年まで「国連女性の10年」）を前後して女性差別撤廃に向けての機運が国際的に高まる中で，日本では「男女雇用平等法」の要求が掲げられた。その中心的アクターであったのが，当時のナショナルセンターであった日本労働組合総評議会（総評）である。

　既に述べたように，職場には就業継続を阻む結婚退職制や若年退職制が存在し，長期勤続が難しい状況において，賃金や昇進・昇格での男女間格差は埋まらずにいた。加えて，賃金の考え方や性別による職務の分離，伝統的な雇用管理制度，日本社会での職場や家庭における性別分業

などが存在していた（山田 2009）。

　そうした状況の中で，1979 年は「国連女性の 10 年」の中間にあたり，「女性の憲法」といわれる女性差別撤廃条約がこの年に採択された。その第 11 条には雇用分野における男女平等の確保や女性差別の撤廃が記され，当時の女性たちが求めて止まない内容が世界的に提示され，同時にこの条文は男女雇用平等法要求運動の拠り所ともなった。そして日本においても，この女性差別撤廃条約を批准する運動が開始されるのである。男女雇用平等を求めるこれまでの国内の労働組合運動と女性差別撤廃条約の批准への活動が互いに重なりあう瞬間であった。条約批准のためには国内法の整備が当時必要で，国籍法の改正や家庭科男女共修の実現，そして男女雇用平等法の制定が大きなカギとなり，その運動は労働組合ばかりでなく女性運動も含めた大きな潮流となって展開されていく（国際婦人年日本大会の決議を実現するための連絡会編 1989）。

　1975 年の国際女性年から 10 年間におよぶ激しい運動と議論を通じて，ようやく 1985 年 5 月に男女雇用機会均等法（正式名称「雇用の分野における男女の均等な機会及び待遇の確保等に関する法律」）が成立する。ただ，成立したこの均等法は勤労婦人福祉法（1972 年）の改正法であり，雇用ステージ上の差別解消を事業主の努力義務に部分的にはとどめた点や，救済制度の機能不全が当初から問題視される不十分なものであった。よって，多くの女性たちが求めた雇用差別禁止や性別分業の廃止を可能にするほどの内容を持ちえなかった。この点は均等法が「みにくいアヒルの子」と称される所以であり，いかにして「白鳥」へと成長させるかがその後の課題となった。1970 年代にほぼスタート時を同じにしながらも，先進諸国が性差別禁止の立法を制定し，男女平等に向けた制度的変革を実現していく状況とは明らかに異なり，日本での変革はその後長い道のりを進むことになる（山田 2009，山田 2011a）。

（3）片働き世帯から共働き世帯へ

　男女雇用機会均等法の成立後，労働市場での雇用の女性化はさらに進み（前掲図4-4），世帯形態を見るとそれまでの男性雇用者と無業の妻からなる世帯が減少の一途をたどる。一方で，雇用者の共働き世帯は上昇する（図4-7）。さらに，図4-8と図4-9のように女性有配偶者では有業者数の増加と無業者数の減少が見られ，30歳以降の年齢階級では非正規雇用が半数近くを占めていることが分かる。労働市場への参加は進んだものの，それは非正規雇用での就労を多分に含むものであった。このことは正規雇用者との処遇格差の問題を浮き彫りにした。

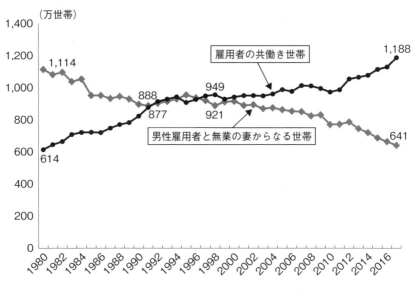

図4-7　専業主婦世帯と共働き世帯の推移

（出典：内閣府男女共同参画局編『男女共同参画白書』（平成 30 年版），I -3-4 図を基に筆者作成。原資料備考の抜粋）2010 年及び 2011 年の値は岩手県，宮城県及び福島県を除く全国の結果。

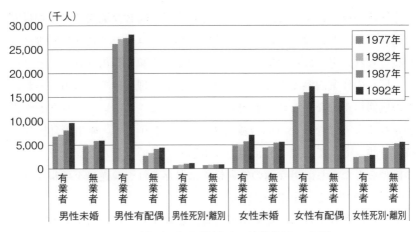

図 4-8 性別，配偶関係別の就業状況の変遷

（出典：総務省「労働力調査」を基に筆者作成）

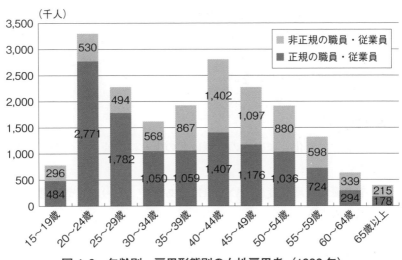

図 4-9 年齢別，雇用形態別の女性雇用者（1992 年）

（注）非正規の職員・従業員はパート，アルバイト，嘱託，派遣社員の集計である。

（出典：総務省「就業構造基本調査」（平成 4 年）を基に筆者作成）

　均等法の成立によって，女性へのそれまでの露骨な職場での差別は問題視されることにはなったが，企業内においてはコース別雇用管理区分が設けられ，男性は総合職として，女性は一般職で採用されることになる。同一の作業内容であっても，異なる雇用管理区分での就労であればその処遇格差はなかなか性別間の格差とは見なされないという問題が指摘されるようになった（連合編 2005：15）。こうして，雇用管理区分や職域分離，そして正規・非正規の雇用形態の違いは新たなジェンダー間の格差をもたらし，男女間の処遇格差は温存されつつ逆に不可視化されていったのである（山田 2011b）。

　戦後形成された日本的な雇用慣行は，増加する雇用者の誰もがその恩恵にあずかれたわけではない。長期雇用保障や右肩上がりの曲線を描く年功賃金は，団体交渉などを通じた労働組合（労働者）からの要求でもあった。しかしながら，それらは雇用の女性化や雇用の非正規化という労働力の再編成が進む中で，雇用をめぐる格差をもたらす慣行や制度でもあった。こうした側面については，今後，新しい雇用制度を作り上げる際には見過ごしてはならない。

《学習課題》

① 就業形態の変化と家庭内の役割はどのように関連するのか，考えてみよう。

② 企業の雇用管理制度について事例をあげて，その内容や変遷について調べてみよう。

③ 職場における男女間の格差を取り上げて，その解決策や裁判事件について具体的に調べてみよう。

引用・参考文献

朝日ジャーナル編，1985,『女性の戦後史』（Ⅱ・Ⅲ）朝日新聞社

赤松良子，2003,『均等法をつくる』勁草書房

浅倉むつ子，2000,『労働とジェンダーの法律学』有斐閣

岩田正美，2017,『貧困の戦後史』筑摩書房

岩間暁子・大和礼子・田間泰子，2015,『問いからはじまる家族社会学』有斐閣

内橋克人・奥村宏・佐高信編 1994,『会社人間の終焉』岩波書店

大沢真理，1993,『企業中心社会を超えて』時事通信社

大沢真理，2002,『男女共同参画差社会をつくる』日本放送出版協会

加瀬和俊，1997,『集団就職の時代』青木書店

苅谷剛彦・石田浩・菅山真次編，2000,『学校・職安と労働市場』東京大学出版会

木下武男，1999,『日本人の賃金』平凡社

木本貴美子，1995,『家族・ジェンダー・企業社会』ミネルヴァ書房

厚生労働省，2017a,「平成 29 年家内労働概況調査」，（厚生労働省：
　https://www.mhlw.go.jp/index.html, 2019/2/20 アクセス）

厚生労働省，2017b,「在宅ワークの適正な実施のためのガイドライン」（厚生労働省：
　https://www.mhlw.go.jp/index.html, 2019/2/20 アクセス）

厚生労働省「労働組合基礎調査」（厚生労働省，https://www.mhlw.go.jp/index.
　html, 2019/9/1 アクセス）

国際婦人年日本大会の決議を実現するための連絡会編，1989,『連帯と行動』市川房
　枝記念会出版部

国民生活審議会総合政策部会基本政策委員会,1991,「個人生活優先社会をめざして」
　（中間報告）

ゴードン，アンドリュー編（中村政則・訳），2002,『歴史としての戦後日本』（上・下）
　みすず書房

佐口和朗，1991,『日本における産業民主主義の前提』東京大学出版会

総務省「就業構造基本調査」（政府統計ポータルサイト e-Stat 利用，総務省：
　https://www.e-stat.go.jp/）

総務省「労働力調査」（政府統計ポータルサイト e-Stat 利用：総務省：
　https://www.e-stat.go.jp/）

竹中恵美子 1989,『戦後女子労働史論』有斐閣

内閣府男女共同参画局編，2018,『男女共同参画白書』（平成 30 年版）（内閣府：https://www.cao.go.jp/，2019/2/20 アクセス）

東京大学社会科学研究所編，1992,『現代日本社会 6』東京大学出版会

中川清，2018,『近現代日本の生活経験』左右社

中村政則，2005,『戦後史』岩波書店

21 世紀職業財団，2018,『女性労働の分析 2018』21 世紀職業財団

二村一夫，1994,「戦後社会の起点における労働組合運動」坂野潤治・宮地正人・高村直助・安田浩・渡辺治編『戦後改革と現代社会の形成』岩波書店，pp.37-78

野村正實，1998,『雇用不安』岩波書店

橋本健二編，2010,『家族と格差の戦後史』青弓社

藤村博之，2011,「日本の労働組合」『日本労働研究雑誌』606，pp.79-89

藤原千沙・山田和代編，2011,『労働再審 ③ 女性と労働』大月書店

堀江孝司，2005,『現代政治と女性政策』勁草書房

森岡孝二，1995,『企業中心社会の時間構造』青木書店

安枝英訷，1994,『労働の法と政策』（第 2 版）有斐閣

山田和代，1999,「労働組合における 2 つの女性組織の位相」『ジェンダー研究』2，pp.35-48

山田和代，2009,「戦後労働史とジェンダー」米田佐代子・大日方純夫・山科三郎編『ジェンダー視点から戦後史を読む』大月書店，pp.81-108

山田和代，2011a,「労働運動にみる男女雇用平等実現への課題」『大原社会問題研究所雑誌』635/636 号，pp.42-58

山田和代，2011b,「ジェンダー雇用平等と労働運動」藤原・山田編『労働再審③ 女性と労働』大月書店，pp.255-284

連合編，2005,『2006 年連合白書』コンポーズユニ

渡辺治，1990,『「豊かな社会」日本の構造』労働旬報社

5 | 労働社会の変化とリスク

山田和代

《目標＆ポイント》
① 日本的雇用慣行が崩れている状況と労働市場で生じているリスクや課題について理解する。
② 人口減少社会や少子高齢社会を迎えたなかで，どのような働き方が議論されているのか学んでいく。
《キーワード》 日本的雇用慣行の見直し，格差社会，雇用の非正規化，同一価値労働同一賃金，ワーク・ライフ・バランス

1. 雇用をめぐる格差の多様化

（1）雇用をめぐるジェンダー格差

　グローバル化や大競争時代とさかんにいわれはじめた1990年代以降，日本経済はバブル崩壊によって「平成不況」「失われた10年」「失われた20年」を迎えた。人々の働き方は激変し，雇用不安，貧困問題，格差問題，ワーキングプアなどネガティブな社会状況が発生した。

　1990年代から30年間の労働市場の変化を見てみよう。まず労働力率を見ると，男性は一貫して高い労働参加が見られたが，女性では1990年に20歳代後半から30歳代半ばまでの労働力率が低下し，30代後半から再び上昇するはっきりとしたM字型を示していた。M字型曲線の谷が浅くなるのは2010年頃からである。女性の場合，この30年間で労働力率全体は上昇し，多くの年齢階級で70%台に到達した。ただ，国際比較をした場合，先進諸外国の女性労働力率の曲線が台形型であるのに対し，

日本の曲線はいまだM字型の形状を残したままである。その背景には性別分業，育児政策の未整備，WLB（ワーク・ライフ・バランス）政策の未整備などによる就業中断があげられる。（藤原・山田編 2011）。

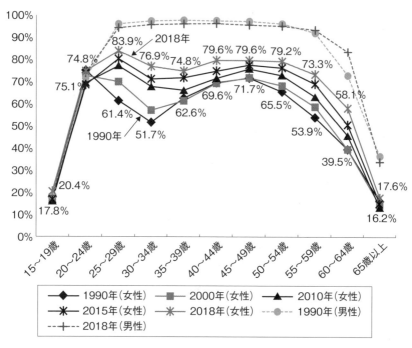

図 5-1　性別・年齢別労働力率（1990 年～2018 年）

（出典：総務省「労働力調査」を基に筆者作成）

次に雇用形態の動向について総務省「労働力調査（詳細集計）」（旧「労働力調査特別調査」）を見れば，役員を除く正規の職員・従業員は，男性の場合 1985 年の 2,359 万人，95 年の 2,620 万人，2005 年の 2,309 万人，15 年の 2,261 万人と，正規雇用者数は 2000 年代に入るとむしろ減少傾

向にあった。女性の場合も，85 年の 994 万人，95 年の 1,159 万人，05
年の 1,018 万人，15 年の 1,042 人と男性とほぼ同じ傾向である。ただ，
15 年までの減少傾向は男性に比べやや緩やかであるが，総数では低位の
ままであった。非正規の職員・従業員については，男性では 85 年の
187 万人から 15 年の 635 万人となり，女性では同じ時期に 470 万人か
ら 1,346 万人へと男女ともに約 3 倍前後の増加となった。とりわけ女性

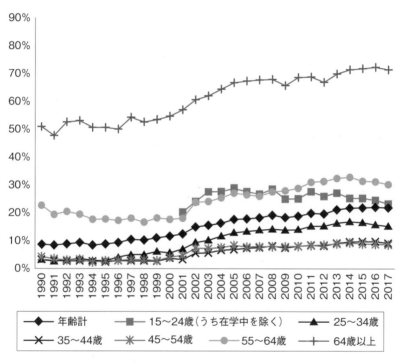

図 5-2　年齢階級別非正規雇用比率の推移（男性）

（出典備考抜粋）2011 年値は岩手県，宮城県，福島県について総務省が補完的に
　　　　　推計した値。
（出典：内閣府『男女共同参画白書』（平成 30 年版），I -2-6 図を基に筆者作成）

では，2015年のその雇用者総数（役員を除く）の56.3%を非正規雇用者が占めた。そして非正規雇用者総数の67.9%は女性であった。女性の労働市場への参加は女性の非正規化でもあったといえよう。また，非正規雇用者について年齢別に見ると，2000年代以降は若年層の非正規化が特徴的である。このように，1990年代以降の労働市場は正規雇用の減少の時期を含みつつ，非正規化へと向かっていた。

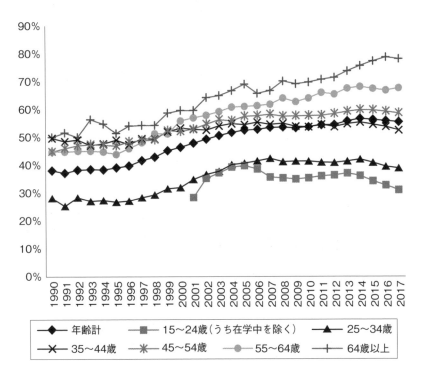

図 5-3　年齢階級別非正規雇用比率の推移（女性）

（出典備考抜粋）2011年値は岩手県，宮城県，福島県について総務省が補完的に推計した値。
（出典：内閣府『男女共同参画白書』（平成30年版），I-2-6図を基に筆者作成）

　次に性別職域分離の状況を見ておきたい。性別職域分離とは性別による職務や職種の分離・偏りを指す。その一つのタイプは，企業内の職務や職階で分離・偏りを持つ「垂直的性別職域分離」で，高い職階に男性が多くを占め，逆に低い職位には女性が多く就くというものである。もう一つは，女性比率の高い職業（女性職）や男性比率の高い職業（男性職）というように職業あるいは産業における性別間での分離であり，これを「水平的性別職域分離」という。

　性別職域分離の身近な例として，管理職の女性比率がある。女性は係長相当職 15.2%，課長相当職 9.3%，部長相当職では 6.6% を占める。企業規模別では，女性管理職割合は中規模の企業で低い傾向があり，産業別では係長相当職以上の女性管理職割合が最も高いのは「医療，福祉」の 52.7% である（厚生労働省 2018a）。日本の管理的職業従事者における女性比率は，他の先進諸国の多くが 30% を超えているのに比して極めて低いことが特徴的である。職階での男女比率の違いは，高い職階ほど一般に賃金額が高いことを考えれば，男女間賃金格差の要因となる。

　また，コース別雇用管理は現在，6.5% の企業が採用している。そのうち，従業者規模 5,000 人以上の企業では 52.8% が導入し，産業別では金融・保険業が 23.8% で突出して高く，次いで複合サービス業，医療・福祉が続く（厚生労働省 2018a）。正社員・正職員の採用では，総合職での「男性のみ採用」が調査企業の 44.4%，限定総合職での「男性のみ採用」は 48.0% となり，「男女とも採用」より高い数値である（同上 2018a）。これらの状況は賃金や昇進の男女間格差をもたらす土壌ともなりえ，格差解消を求めて司法への訴えが数多くなされてきた。

　諸外国との比較で見ても、世界経済フォーラムが発表するジェンダー・ギャップ指数（Gender Gap Index: GGI）では、2018 年に日本は 149 カ国中 110 位であった。GGI の 4 分野（経済分野，教育分野，保健分野，

政治分野）のうち，日本は経済分野（117位），政治分野（125位）で明らかに低位である。GDP世界3位の日本であるが，ことジェンダー平等においてはOECD諸国の中で最下位を競っている。

（2）賃金をめぐるジェンダー格差

　ここでは賃金格差について見ておこう。賃金格差は学歴別，年齢別，性別，企業規模別，産業別などさまざまなものがある。男女間の賃金格差は男性（正規一般雇用者，所定内給与額＝100）と比較すると，女性は1990年の60.2から2017年の73.4まで徐々に縮小してきた。ただし，女性の場合は非正規雇用の比率が高いことを考えると，年収および生涯賃金では男性と比べて極めて大きな格差が存在する（図5-4，図5-5）。

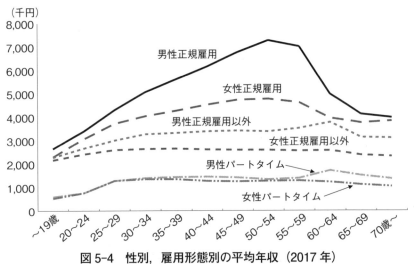

図5-4　性別，雇用形態別の平均年収（2017年）
①パートタイムの表記は，同調査における「短時間労働者」を指す。
②平均年収は，きまって支給する現金給与額＋年間賞与その他特別給与額。
（出典：厚生労働省「平成29年賃金構造基本統計調査」を基に筆者作成）

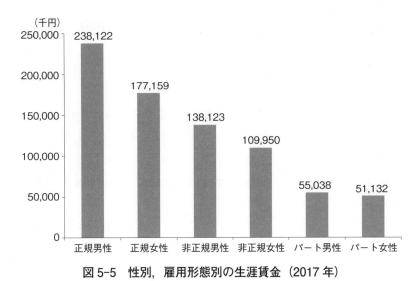

図5-5　性別，雇用形態別の生涯賃金（2017年）

①パートタイムの表記は，同調査における「短時間労働者」を指す。
②生涯賃金は，各年齢階層の平均年収に年齢階級ごとの年数をかけ，18歳から
　60歳までを合算することによって算出した。

（出典：厚生労働省「平成29年賃金構造基本統計調査」を基に筆者作成，
　参照：内閣府「平成21年度年次経済財政報告」）

　また図5-4の賃金曲線を見ると，性別と雇用形態によって階層をなす格差の状況がよく分かる。年齢別では，男性正規雇用の賃金曲線が最も大きい傾きの右肩上がりの形状を描く一方で，それ以外の女性および正規以外の雇用者の曲線は対照的になだらかである。

　雇用形態別の賃金の相違以外にも，家族のケア労働，セクシュアル・ハラスメントや妊娠・出産・その他の理由による不利益取扱いによって女性の就労が中断したりすることがある。その場合，ジェンダー間の賃金や生涯賃金に直接・間接に影響することにも留意する必要がある。もちろん年功賃金の下では長期勤続が期待されない労働者には，就業中断は

不利となる。その他にも人事考課の恣意的な評価や運用に起因する格差の可能性も看過できない（遠藤 1995）。

（3）非正規雇用の拡大

　雇用形態間の処遇格差は, 賃金格差はもとより教育訓練でも見られる。正規雇用転換が難しい状況では, 非正規雇用者の技能形成の機会そのものが限定されかねない。その結果賃金上昇のきっかけを失い, 雇用の非正規化は処遇格差の問題を深刻化させる。よって, 非正規雇用者の均等待遇の要求は一層切実なものとなる。

　非正規雇用の一つのタイプであるパートタイム労働は, 先進諸外国で見られる均等待遇原則のもとでの労働時間の長短の区別とは異なり, 日本ではパートであっても 1 日 8 時間の就労や残業を行う人も少なくない。通常労働者でも週 60 時間労働以上の就労時間が問題視されているが, 非正規雇用者でも長時間労働に就いているケースも見られる。週 60 時間以上の有業者（年間 200 日以上就業している有業者に限定）では, 男性の 30 歳代の正規雇用者で最も高く 2 割弱, また男性非正規であっても約 1 割いる（総務省 2018）。

　パートの職務内容は単純で・定型的・補助的といわれてきたが, これとは対照的にパートの戦力化や基幹化が進み, 正社員の職務を代替することによって, パートの重層化が進んできた（三山 1991, 本田 2001）。また, パートタイム労働は非正規雇用の約 5 割（48.8%）を占めるが, その他にもアルバイト（21.5%）, 契約社員（13.9%）, 派遣社員（6.4%）, 嘱託（5.7%）というように非正規雇用は細分化されている。雇用の多様化が進んでいるが, いずれも安定した雇用とはいえない。その影響は, 例えば男性稼ぎ主型世帯の社会的な規範が強い場合には, 男性の非正規雇用者の未婚率が正規雇用者の未婚率よりも高いというような形でも現れ

ている（内閣府 2005:5）。

2. 労働問題の多様化とリスク

（1）労働問題を抱える職場

　2000 年代に入り，雇用の非正規化は貧困，格差という問題として深刻さを増した。不安定な就労を余儀なくされた労働者の職場では労働基準法に抵触する労働実態が顕在化し，そうした状況を今野（2012）は「ブラック企業」として評した。

　働きながらも貧困状態であるワーキングプアやネットカフェを寝泊まりにして生活を送るネットカフェ難民と称される人々も現れた。複数の職場での非正規労働で生活を維持する複合就労，名ばかり正社員や名ばかり管理職など正社員であったとしても不安定で，その名にそぐわない労働条件の就労が出現した。図 5-6 は年間 200 万円以下の給与所得者の

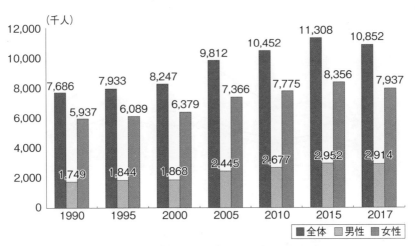

図 5-6　年間 200 万円以下の給与所得者
（出典：国税庁「民間給与実態統計調査」を基に筆者作成）

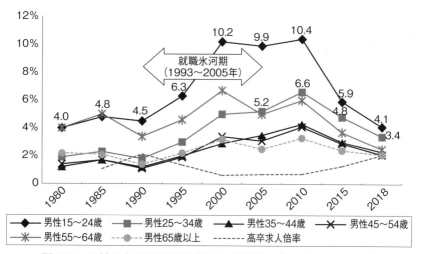

図 5-7　男性の年齢階級別失業率と高校新卒者の求人倍率の推移

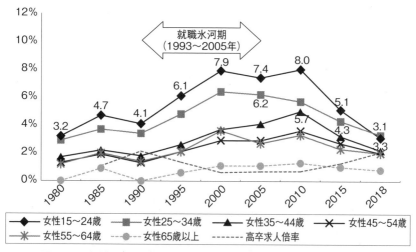

図 5-8　女性の年齢階級別失業率と高校新卒者の求人倍率の推移

（出典［図 5-7/8］：総務省「労働力調査」および厚生労働省「高卒・中学新卒者の
ハローワーク求人に関する求人・求職状況」（平成 30 年度，7 月末現在），表 7 を基
に筆者作成）

推移であるが，1990年と比べて2015年は1.5倍へと増加した。

　こうした労働者の姿は日本的雇用慣行で見た長期雇用保障や右肩上がりの年功賃金，さらには企業別組合への組織化された労働者モデルとは一線を画した。1990年代以降のバブル経済崩壊，さらには2008年の金融危機による経済不況は労働需要の縮小や失業率の上昇をもたらした（図5-7，図5-8）。求人倍率の低下によって，学校卒業後の正規雇用への就労経路を若年者の誰もがたどれるものではなくなった。いわゆる就職氷河期における正規雇用への求職活動は困難を伴い，それは三山（2011）が指摘する非正規労働に見る若年者の一層の出現であった。就職氷河期世代はそれ前後の世代に比べ，実質年収の低さや職業訓練の支援の必要性が指摘されるなど，世代効果がはっきりと見られた（太田ほか2007）。

　また，雇用の劣化は不安定就労への転化というリスクも増すことになった。雇用の劣化はとりわけ母子世帯での母親就労による生活維持の困難や若年者の経済的自立とも関係することで，不安定な雇用は貧困や社会的排除のリスクを高める土壌でもあった（岩田2007，樋口・太田・家計経済研究所編2004）。

（2）就業継続を困難にするハラスメントと家庭内役割分業

　労働問題は格差ばかりではない。職場のハラスメントも深刻な問題である。

　職場のハラスメントは他者への嫌がらせや迷惑をかけることで，その人の尊厳や人格を傷つける言動である。セクシュアル・ハラスメント（セクハラ），パワー・ハラスメント（パワハラ），マタニティ・ハラスメント（マタハラ）は職場の3大ハラスメントといわれる。職場のハラスメントは職場の上司や同僚ばかりでなく顧客からの場合も少なくない。ハラスメントによって仕事への意欲や自信を喪失したり，場合によっては

病気を患い，就労が難しくなりかねない。それは勤労権を奪うことを意味しよう。企業にとってもハラスメントは労働環境の悪化や労働者のモチベーションの低下をもたらし，生産活動への脅威となる。ハラスメントは見過ごしてはならない問題である。司法においては，セクハラに関しては 1992 年に福岡地裁でセクハラ裁判第 1 号の判決があり，マタハラでは 2014 年 10 月に最高裁で妊娠理由の降格は均等法違反であるとの判決が下されている。

　また，職場における LGBT（レズビアン，ゲイ，バイセクシャル，トランスジェンダーをはじめとする性的少数者の総称）へのハラスメントも存在する。ヘテロセクシャル（異性愛）の規範のみに基づく社会では，それ以外の性的指向や性自認の否定，偏見，差別，抑圧などが存在してきた。職場ではヘテロの夫婦や家族の従業員には適用される福利厚生がLGBT には制限されていたり（柳沢ほか 2015），LGBT を理由とする解雇や異動，性的指向の否認ながないよう求める意見があがっている（厚生労働省 2016）。厚生労働省指針では，LGBT などの性的少数者が差別のない働きやすい環境整備と防止に向けた体制整備の措置を義務付けている。職場には多様な人々が就労し，就労を通じて生活を維持し，自らの能力の発揮や自己実現を遂げるための基盤の一つである。職場のハラスメントはその基盤を奪いかねない甘受できない行為である。その一掃へ向けた対策や措置は今後一層整備が求められる。

　他方で，高齢社会となった今，家族の介護による離職が増えている。伝統的な性別分業や社会保障制度の未整備な社会では，例えば子育て期に労働市場からの女性の退出が見られるのと同様に，介護を担うがゆえの就業中断や離職もある。総務省「平成 29 年就業構造基本調査結果」によれば，出産・育児を理由とする過去 5 年間の離職者は女性が 101 万1,400 人（対総数の 98.7%），男性が 1 万 3,400 人であった。介護・看護

を理由とする過去 1 年間の離職者は 9 万 9,000 人で，その内女性は 7 万
5,100 人（対総数 75.9%），男性は 2 万 4,000 人である。育児や介護によ
る離職を通じて，ケア労働が必要とされる現状はもちろん，性別による
担い手の偏りや，男性がケア労働の機会を取得することの難しさ，さら
にはケア労働と仕事を両立するための就業継続に向けた支援制度の未整
備などの実態が読み取れる。

　その他にも，「7040 問題」「8050 問題」といわれる 70 歳・80 歳代の
親と 40 歳・50 歳代の子どもとの親子関係・家族関係に見られる課題が
浮上している。それは例えば年金受給や要介護・要支援の親世代と，就
職氷河期を経て不安定就労にある中高年期の子ども世代とが重なること
で生じる，危うい家計状況や扶養，経済的自立の問題である。労働市場
の在り方は世代をまたいで影響している。

　企業内の制度や雇用政策から人々の就労は当然影響を受けるが，同時
に社会保障制度の仕組みや充実度によってもその働き方は変わる。少子
高齢社会や人口減少社会をむかえて労働力不足が問題となっているが，
その解決のみに特化することなく，労働市場をより安定的なものにする
ことにより人々の生活からリスクや不安を少しでも取り除くことも必要
である。

3.　格差是正と多様な労働者の包摂

（1）　賃金格差是正策としての同一価値労働同一賃金

　日本社会では，既に見たように男女間や雇用形態間での賃金格差が大
きな問題である。性別賃金格差は労働市場の分断，統計的差別，人的資
本などによって説明される。格差要因としての賃金制度を見れば，戦後
日本の年功賃金は家族賃金の考え方に基づいており，男女間の賃金額の
違いを受け入れやすい土壌がある。よって賃金制度を見直し，再編して

いくことは，格差是正への一つ試みといえる。

　では賃金制度における格差是正の方法につい見ておこう。その代表的な考え方・方法が，「同一価値労働同一賃金の原則」である。ペイ・エクイティ（pay equity：PE）とも呼ばれる。この原則は，労働者の「職務job」について性中立的な基準によって評価し，同じ価値の労働には同じ賃金を支払うことである。似た用語に，「同一労働同一賃金」があるが，これは労働者の職務を比較対象とする範囲が限定されるため，性別職域分離，雇用形態，職種などが異なる状況での賃金差別の是正には同一価値労働同一賃金が有効であると考えられている。同一価値労働同一賃金の原則は国際基準となっており，この原則の実施は格差是正を含めて公正な賃金の定着という点でも有効となる。

　1990年代以降，職務分析・職務評価を用いたPEの試行が商社の職務で行われた事例や，PEを用いた鑑定意見書の提出があった京ガス男女賃金差別事件（森2005），さらに，森・浅倉編（2009）や遠藤編（2013）では実施の事例が詳述されている。年功賃金制度のもとではこのPEの実施は難しいと批判されてきたが，これらの事例は実施が可能であると示している。

　他方で，PEの実践例が蓄積されるなか，厚生労働省の「職務分析・職務評価実施マニュアル」（2010）で同一労働同一賃金が言及された。さらに政府の働き方改革では2018年6月に「働き方改革関連法案」（正式名称「働き方改革を推進するための関係法律の整備に関する法律」）が成立し，同一労働同一賃金の導入は主要な政策の一つにもなった。厚生労働省からは働き方改革を受けて，同一労働同一賃金の導入によって正規と非正規との間の不合理な処遇格差の解消を目指すための指針が出された（厚生労働省2018c）。ただし，同一労働を把握する場合に，その職務内容について誰が，どのように把握していくかが要となるため，実

施に際しては性中立にして公正性や透明性を備えた視点や手法が求められる。

　2000 年代に入り，賃金制度の在り方は一つの転機を迎えており，性別や雇用形態間の不合理な格差の改善と中立な賃金制度の構築に向けた今後の展開を注視する必要がある。

（2）多様な労働者を包摂する雇用制度と働き方

　人々が充実した仕事と家庭や地域での生活が送れるためには，これまで見てきたさまざまな労働問題を解決していく必要がある。そうした労働問題の背景になった一つは，日本的雇用慣行・制度が前提としている性別分業にあるのではないだろうか。そしてもう一つは，日本の雇用慣行・制度が男性稼ぎ主と家計補助的といわれる主婦労働者を前提とし，モデルとしてきたことである。雇用の場には，ジェンダー，年齢，国籍，性的指向，宗教，健康状態，家庭責任の状況，雇用形態において多様な人々が就労している。

　性別分業を基盤とした雇用管理制度や家庭生活では，男性の稼得責任の重圧や長時間労働，企業組織への依存，女性への家族責任の偏りとそのために制限される就労選択などの問題が存在してきた。これらの課題や労働問題の解決のためには，WLB を意識し，その実現に取組むことが不可欠である。WLB は，誰もが意欲を持ち充実感を得ながら働き，家庭責任や地域，自己啓発などの時間を確保して健康で豊かな暮らしを実現できる，仕事と生活との調和である。

　それが実現した社会は，①就労による経済的自立が可能な社会，②健康で豊かな生活のための時間が確保できる社会，③多様な働き方・生き方が選択できる社会，と定義されている（内閣府男女共同参画局「仕事と生活の調査」推進サイト）。

　この３つの特徴から，日本社会が現在抱えている労働問題解決への道筋を読み取れる。就労による経済的自立のためには，低賃金をはじめとする劣悪な労働条件の是正が必要である。それは性別，年齢，雇用形態にかかわりなく公正な労働条件の決定ルールを確立することである。また，豊かな生活を実現する時間確保のためには，長時間労働の解消が必須である。労働時間は短縮傾向にはあるが，長時間労働の常態化により過労死・過労自殺を誘発する深刻な状況も一方で存在する。働き方改革を受けてインターバル制度の導入が試みられてはいるが，働き方の見直しや時間管理の厳格化は早急に求められる。さらに，多様な働き方においては，育児や介護という重要なケア労働を担っていても仕事との両立が可能な支援制度の拡充や，その利用によって不利益を被らない制度設計が求められる。そのためには働く者の意見や要求が反映される組織改革も同時に行う必要があろう。特に，WLBの制度設計においては，従来の男性稼ぎ主モデルを前提とした企業内の仕組みを見直す視点とその視点を持ったメンバーの参加が不可欠である。

　あわせて，2015年8月に成立した女性活躍推進法（正式名称「女性の職業生活における活躍の推進に関する法律」）の方針では，男女ともに働きやすい職場の形成と男性の家庭生活への参画推進などが掲げられている。今後はその体制整備の進捗を注視しなければならない。また，労働者の多様性を認め，活かしながら組織変革や企業活動を展開しようとするダイバーシティ・マネジメントの実施では，従来のジェンダー化した雇用管理制度の変革が外せないだろう。職場における性的指向や性自認を理由とする差別や偏見をなくし，ヘテロセクシャルの規範のみを前提とした制度の見直しを通じて平等待遇に取り組むこともその一例となる。それはLGBTのみならず多様性を尊重する人々にとっても働きやすく，一層の能力発揮がしやすい職場へとつながるであろう。

（3）人生 100 年時代の労働社会

　現在，日本社会は人口構造の大きな変化の中で，政府や企業，そして人々によって新しい働き方が模索されている。2016 年の「ニッポン一億総活躍プラン」の閣議決定，17 年の「人生 100 年時代構想推進室」の設置や「人生 100 年時代構想会議」の開催を通じて，人生 100 年時代の働き方が議論されている。

　戦後日本は，平均寿命が延長し，1950 年の男性 58.0 歳，女性 61.5 歳から 2016 年には男性 81.0 歳，女性 87.1 歳へと男女共に 20 歳以上延びている（内閣府編 2018）。「人生 100 年時代」といわれる社会で，人々の職業生活はどのように変化し，その人生をどのように送るのか，私たち一人ひとりが考えていくことは避けられないようだ。

　『LIFE SHIFT（ライフ・シフト）』の著者であり，前述の構想会議の委員でもあるロンドン大学（LSE）の L. グラットンは，これまでの人生経路に見られる若年期の教育，就学後の仕事，そして引退という「3 ステージ」から，「マルチステージ」への移行を提示する。そこには，若年期のみならず再度の教育訓練による新しい知識のアップデート，多彩な人的ネットワークの形成，企業寿命をも想定した場合の転職の可能性，パートナーとの関係においてももちろん，人生における多面的で複合的なライフステージが含まれている。

　そうしたライフステージが予測される社会で人々の労働移動が高まれば，労働市場への参入障壁を減らし，公正な処遇制度に支えられた職業生活がより一層求められよう。これまで，高度経済成長期に定着した日本的雇用慣行を基盤にすえて，人々は生活や家族を支えてきたが，それは同時にさまざまな格差やひずみをもたらしてきた。それらの解消に向けて新しい制度や働き方が検討され，希求されているが，そのプロセスは一人ひとりの安定した生活を可能とし，公正な雇用制度を備えた新し

い労働社会の形成でなくてはならない。

《学習課題》

① 就職氷河期を経験した人たちが，他の世代の人々と比してどのような状況や課題を抱えたか把握し，その課題解決の取組について調べてみよう。
② ワーク・ライフ・バランスやダイバーシティ・マネジメントを導入している企業や事業所の具体的な取組について調べてみよう。

引用・参考文献

阿部彩，2011，『弱者の居場所がない社会』講談社

飯島裕子，2016，『ルポ貧困女子』岩波書店

岩田正美，2007，『現代の貧困』筑摩書房

岩田正美，2008，『社会的排除』有斐閣

遠藤公嗣，1995，『日本の人事査定』ミネルヴァ書房

遠藤公嗣編，2013，『同一価値労働同一賃金をめざす職務評価』旬報社

大沢真知子，2018，『21世紀の女性と仕事』左右社

太田聰一・玄田有史・近藤絢子，2007，「溶けない氷河」『日本労働研究雑誌』569，pp.4-16

川口章，2013，『日本のジェンダーを考える』有斐閣

グラットン，L.スコット，A.，2016『LIFE SHIFT（ライフ・シフト）』東洋経済新報社

厚生労働省，2016，「事業主が職場における性的言動に起因する問題に関して雇用管理上講ずべき措置についての指針の一部を改正する告示案に関する意見募集（パブリックコメント）に寄せられたご意見について」（2016年5月から6月実施）

厚生労働省，2018a，「平成29年度雇用均等基本調査」（厚生労働省：https://www.mhlw.go.jp/index.html，2019/2/20アクセス）

厚生労働省，2018b，「高卒・中学新卒者のハローワーク求人に関する求人・求職状況」

（平成 30 年度，7 月現在）（厚生労働省：https://www.mhlw.go.jp/index.html,
2019/2/20 アクセス）

厚生労働省，2018c,「短時間・有期雇用労働者及び派遣労働に対する不合理な待遇
禁止等に関する指針」（厚生労働省告示第 430 号）

今野晴貴，2012,『ブラック企業』文藝春秋

総務省，2018,「平成 29 年就業構造基本調査結果」（総務省：http://www.soumu.
go.jp/，2019/2/20 アクセス）

総務省，「就業構造基本調査」（政府統計ポータルサイト e-Stat 利用）

総務省，「労働力調査」，（政府統計ポータルサイト e-Stat 利用）

男女共同参画統計研究会編，2015,『男女共同参画統計データブック 2015』ぎょう
せい

竹信三恵子，2017,『正社員消滅』朝日新聞出版

谷口真美，2008,「組織におけるダイバシティ・マネジメント」『日本労働研究雑誌』
574, pp.69-84

内閣府編，2009,「平成 21 年度年次経済財政報告」（内閣府：https://www.cao.
go.jp/，2019/2/20 アクセス,）

内閣府編，2018,『高齢社会白書』日経印刷，（平成 30 年版）（内閣府：https://
www.cao.go.jp/，2019/2/20 アクセス）

内閣府男女共同参画局編，2012 ，2014，2018,『男女共同参画白書』（平成 24 年版,
26 年版，30 年版）（内閣府：https://www.cao.go.jp/）

内閣府男女共同参画局，「仕事と生活の調査」推進サイト（内閣府：https://www.
cao.go.jp/，2019/2/20 アクセス）

21 世紀職業財団，2015,『女性労働の分析 2013 』21 世紀職業財団

本田由紀，2009,『教育の職業的意義』筑摩書房

鶴光太郎，2016,『人材覚醒経済』日本経済新聞社出版社

本田一成，2001,「パートタイマーの量的な基幹労働力化」『日本労働研究雑誌』
43(9), pp.21-42

藤原千沙・山田和代編，2011,『労働再審③ 女性と労働』大月書店

三山雅子，1991,「日本における労働力の重層化とジェンダー」『大原社会問題研究
所雑誌』356, pp.15-26

三山雅子，2011,「誰が正社員から排除され，誰が残ったか」藤原・山田編（2011）

所収，pp.42-86

森ます美，2005，『日本の性差別賃金』有斐閣

森ます美・浅倉むつ子編，2010，『同一価値労働同一賃金原則の実施システム』有斐閣

柳沢正和・村木真紀・後藤純一，2015，『職場の LGBT 読本』実務教育出版

山田和代，2009，「戦後労働史とジェンダー」米田佐代子・大日方純夫・山科三郎編，『ジェンダー視点から戦後史を読む』大月書店，pp.81-108

ILO，2018 'Direct Request（CEACR）'（adopted 2017, published 107th ILC session（2018）Equal Remuneration Convention, 1951, No.100）
（ILO：https://www.ilo.org/global/lang--en/index.htm，2019/2/20 アクセス）

World Economic Forum, 2018, *The Global Gender Gap Report 2018*（World Economic Forum：https://www.weforum.org/，2019/2/20 アクセス）

6 | ジェンダーと家族

筒井淳也

《目標＆ポイント》
① ジェンダーと性別分業の概念について理解する。
② 近代的性別分業の成立経緯について理解する。
③ ジェンダー家族の共働き社会における機能と，高齢化社会におけるその限界について理解する。
《キーワード》 ジェンダー，性役割，性別分業，有償労働と無償労働，ケア

1. ジェンダーと家族の関連性

ジェンダーとは，社会的性別ともいわれ，私たちがかかわる役割，制度，考え方などが性別によって異なっているということ，そしてそれが必ずしも生物学的な性差に規定されておらず，時代や地域によって差の在り方が異なっていることを強調するための概念である。

ジェンダーは，社会の隅々まで浸透している（江原 2001）。私たちが所属する組織（学校や会社）はジェンダーの情報をさまざまなかたちで参照して，しばしば男性と女性に対して異なった処遇をする。ただ，ジェンダーは社会的な活動の基盤である，という側面のみに注目してはならない。私たちの日々の活動を通じてこそ，ジェンダーは再生産されるからである。

さまざまな社会的領域にジェンダーが浸透しているということが，特に先進国において強く意識されたのは，1960年代からの「第二波フェミニズム」においてであるといわれている。この時代に「ジェンダーの主

流化」，すなわちジェンダー格差がさまざまな分野で解決すべき問題として提起される，という動きが生じた。この潮流が一つの結実を見たのが，1979年に国連で「女子差別撤廃条約」が採択されたことである。

　ジェンダーは政治，経済，文化などさまざまな分野で人々の行動や態度を構成する力を持つが，家族の在り方もまた，ジェンダーによって深く規定されている（神原2013, 2016）。例えば，いまでも多くの家族は，夫が働いてお金を稼ぎ，妻が家事や育児を行う，といった分業体制によって維持されている。つまり，ジェンダーは家族の役割を規定している。他方で，私たちのジェンダー的な態度や価値観は，家族の中で作られる部分が大きい。例えば，完璧な家事・育児をこなす専業主婦を母に持つ娘は，女性のあるべき姿についての特定の価値観を自然と身に着けているかもしれない（Chodorow 1978=1981）。

　江原（2001）によれば，ジェンダー秩序は異性愛（heterosexuality）と性別分業（gender division of labor）によって成り立っているという。本章では，このうち性別分業に焦点を当てる（セクシュアリティの問題については，第8章を見てほしい）。現代の家族が抱える一つの課題は，この性別分業の克服であると考えられている。現代は，「男性稼ぎ手＋女性専業主婦」というモデルから，共働き（dual-earner）体制への転換期である。

　ここでいう性別分業とは，性別によって異なった労働の配分が行われることを指している。性による行動や態度の差を表す場合，しばしば「性役割（gender role）」という言葉が使われる。いわゆる「男らしさ」「女らしさ」といった役割期待も，性役割の一つである。性別分業は労働における性役割の現れであると考えることができるだろう。なお，日本ではしばしば「性別役割分業」という言葉も使用されるが，gender division of labor の訳語としては「役割」という言葉を入れないほうが自然であ

るので，本書では「性別分業」という言葉を用いる。

　社会学の文脈では，さまざまにある分業のうち，性別分業は男性が有償労働に，女性が家庭内無償労働に割り当てられている状態を指すことが多い。職業によって性別構成が異なること，例えば「プログラマーには男性が多く，看護師には女性が多い」といった分業のことは，特に「性別職域分離（occupational gender segregation）」と呼ぶこともある。

　ここで「無償労働（unpaid work）」というのは，金銭的報酬・賃金が発生しない労働のことを指す。貨幣経済が発達していない時代では，ほとんどの労働はこの意味での無償労働であった。食事の準備，育児・教育・職業訓練，農作業，農作業で使用する道具の作成，織物などが，金銭的報酬を得る目的以外でも，つまり家族の生活を直接に支える仕事としても，行われていたのである。

　近代化の進展は，仕事の多くを家族外の領域に移行させた。工業化はコアとなる労働を家庭外に移し，教育制度の普及は子どもの養育の一部をやはり家庭外に移行させた。食品生産の工業化や外食産業は食事の準備を外部化し，繊維産業の発達は衣服の生産を外部化した。現在でも家庭内で行われている労働は，主に食事の準備，掃除，簡単な修理などの家事と，育児・介護・看護などのいわゆるケア労働である。

　家庭内に残された労働の多くは，近代社会においては女性が担うようになった。家事や育児，介護などは，家政婦やヘルパーなどによって有償労働として行われることもあるが，多くは家族のメンバー，特に女性（妻）によって無償労働として行われている。そしてその分，家庭外での有償労働に占める女性の活躍の度合いは小さくなる。

　性別分業の実態を，図2-1によって見てみよう。横軸は，国別の平均無償労働時間の男女合計を100としたとき，女性の無償労働時間の占める割合である。日本では82.1％であるが，これは平均して無償労働の8

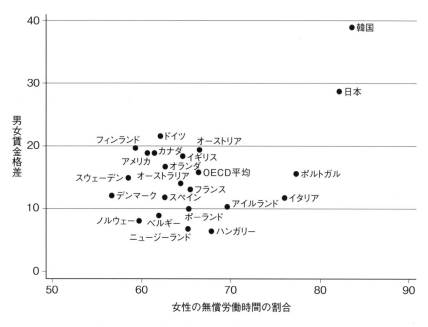

図6-1　男女賃金格差と無償労働時間の男女差

注：男女賃金格差の算出方法は同文献を参照。調査年は国ごとにまちまちであるの
　　で，詳しくは典拠を参照のこと

（出典：OECD（2012）のデータを基に筆者作成）

割以上を女性が行っている，ということを意味している。縦軸は男女賃
金格差で，数値が大きいほうが格差が大きい（男性の賃金のほうが高い）
ことを意味している。

　日本と韓国は，男女賃金格差が大きく，また女性の無償労働時間の割
合も高いという意味では，他の経済先進国に比べて性別分業の度合いが
強い国だ，ということが分かる。他方で，賃金格差も小さく無償労働の
男女差も小さいデンマークやノルウェーといった国においても，男女賃

金格差はゼロではなく（女性の賃金が低い），また無償労働時間も均等（50%）ではなく女性に偏っていることも事実である。いわゆる OECD に加盟しているような経済先進国の中で，性別分業を完全に克服している社会は，現状では存在しない。

2. 近代的性別分業体制の成立

　家族内の役割がジェンダーによって規定されている状態は，近代社会以前，あるいは近代化初期の家族においてもしばしば見られた。典型的なのが，家父長制家族である。例えば明治民法下の家族（第2章参照）では，家長（戸主）である男性が家族のメンバーの居住や婚姻についての認可権を有していた。男性と女性とでは，家族の中で果たすべき経済的な役割も異なっていた。近代化初期の段階では多くの家族は農業や自営業を営んでおり，そこでは男性も女性も，そして子どもも，家計を支えるための有償労働に従事していたが，男性と女性とで仕事の内容が異なっていた。家族内の役割は，その意味ではジェンダーによって強く規定されていた。ただし，「男性は家庭外で稼ぎ，女性は家庭内で無償労働をする」という意味での性別分業は目立つものではなかった。

　このことに変化をもたらしたのは，工業化と都市化である。大資本による工業化が進むと，多くの人たちがお金を稼ぐために家庭外の工場で働くようになる。工業化の初期段階では，繊維産業が盛んであった。どの国でも伝統的に女性の役割であったため，未婚の女性が通いあるいは住み込みで工場労働をすることが多かった。ただ，未婚女性の繊維工場での有償労働は，ほとんどの場合，家長である男性（未婚女性の父親）が工場経営者と契約して，娘を「派遣」するというものであった。また，工業化初期のイギリス労働者階級の家庭では，家族全員が工場近くの宿舎に住み，全員が何らかの工業労働に従事する，といったケースもあっ

た。

　この段階から，男性のみが工場に残り，女性と子どもが家庭に戻るという段階に移行するきっかけとなったのは，工場法の成立と生活給の普及である。夫，妻，子どもがすべて工場で働いていると，私生活の余裕がなくなり，子どもも十分な教育を受けることができない。概して労働者階級の生活はかなり貧しく，苦しいものであった。ただ，当時の指導者層のあいだでは，労働者階級の生活の苦しさを女性の工場労働に求める見方も強かった。各国で導入された工場法は，男性を主な稼ぎ手として職場に残し，女性と子どもを家庭に戻すことを促した。その代わりに男性には，家族を養えるだけの賃金を生活給として支給するようになった。

　家族がジェンダー化されるかたちは，階層によっても異なっていた。資本家階級や新中間層の家庭では，「男は仕事，女は家庭」という性別分業が，労働者階級の家庭よりも早く普及していた。労働者階級において，「家族全員が家庭内外で働く」という状態から，男性が家庭外で有償労働を，女性が家庭内で無償労働を（つまり性別分業を）行うようになるという社会変化の背景には，男性稼ぎ手に家族を扶養できるだけの生活給を与えることを可能にした経済発展による賃金水準の向上のほか，当初から存在したジェンダー差別的な思想も存在した。工場労働においても機械の操作などの熟練労働は男性に独占されており，女性の仕事は低賃金のものに集中していた。また，一足先に性別分業を達成していた中産階級の余裕のある生活が，19 世紀終わりごろになると労働者階級のあいだでも理想の家族のかたちとされ，経済発展にともなって目指されるべき目標となった，ということもある。

3. 近代的性別分業の成熟

　20 世紀に入ると，経済が発展した各国で性別分業家族が一般化して
いく。日本では，イギリスやアメリカから遅れて 1960 ～ 1980 年代に性
別分業家族が成熟期を迎えた。その背景には，高度経済成長と，それに
続く安定経済成長があった。

　表 6-1 には，男女それぞれの，25 ～ 34 歳の就業率（有償労働に就い
ている人口の割合）を示した。男性の就業率は常に 9 割を上回っている。
女性において最も数値が小さくなっているのは 1975 年である。つまり，
この年齢層の女性の就業率は，1975 年頃を底とした U 字型を描く。

表 6-1　男女別，25 ～ 34 歳の就業率

	男性	女性
1960	97.0	50.6
1965	96.6	47.0
1970	97.4	45.4
1975	96.2	42.3
1980	95.8	46.6
1985	94.7	49.5

（出典：国勢調査（1960 ～ 1985 年）を基に筆者作成）

　1950 年代の後半から始まった経済成長は，男性の賃金水準を上昇さ
せて生活給を可能にし，女性の非労働力化，専業主婦家庭の増加を生み
出した。その意味で，日本の場合，専業主婦化というのはまさに戦後の，
しかも一時的な出来事であった。その意味では，専業主婦家庭は決して
日本の「伝統」というわけではない。さらに，日本女性の専業主婦化は，
他の経済先進国に比べてそれほど深化しなかった（筒井 2015）。日本に

おいて専業主婦化が最高潮に達した1970年代においても，さらに25～34歳といういわゆる「子育て期」においても，4割以上の女性が何らかのかたちで有償労働をしていたのである。

　その理由は，日本の経済発展があまりに急激に進展したからである。すなわち，農業や自営業が衰退する流れと，女性が雇用労働に進出する流れが重なっていたのである。アメリカやフランスでは，農業や自営業が衰退し，多くの女性が非労働力化したあとで，雇用労働化が進んだため，U字型の底における女性の専業主婦の割合は日本よりもずっと低かった。

　また，高度経済成長においていわゆる中間層が増大し，所得格差も縮小したとはいえ，男性の稼ぎだけでは家計が苦しければ，女性はパートタイムなどで有償労働をせざるを得ない。経済成長は消費社会化を伴う。消費経済においては，現金収入があることが重要になる。急激な経済発展は，農家や自営業の家庭を現金不足に陥らせた。そのため，高度経済成長期においても，男女問わず兼業で賃労働に従事する人が多かったのである（姉歯 2018）。

　「男性稼ぎ手＋女性専業主婦」という家族が標準化したことは，前近代から継続して見られている家族とジェンダーとの関係の一つの現れであった。前近代社会においては，多くの女性も有償労働に参画していたのだが，家族生活におけるさまざまな役割は強固にジェンダー化していた。そして高度経済成長期における性別分業家族の一般化は，別のかたちでの家族のジェンダー化であった。しかもそこでは，男性は有償労働，女性は無償労働というかたちで，性役割がよりいっそう際立つことになった。

　1946年の民法改正により，明治民法下での家父長制は廃止され，結婚は「両性の合意のみ」に基づく民主的な意思決定となった。このことは，

家族が家長の権力から法制度上は自由になったことを意味している。ただ，農家や自営業の家庭においては実質的に男性の家長の役割が存続し，他の家族メンバーよりも強い意思決定権を持っていた。第7章でも見ていくように，1960年代までは結婚における見合い婚の比率が高く，結婚が当事者の自由な決定というよりも，家としての決定である度合いが強かったのである。

　男性の雇用労働化にともなって増加したサラリーマン家庭においては，家父長制的な家族に比べれば家族メンバーの関係は平等であった。サラリーマン男性は，親が経営の決定権を持つ家業ではなく，雇用された会社から給料をもらうため，サラリーマン男性が形成する家族はその男性の親の「家」の拘束からはある程度自由になるからである。ここにきて，家における直系の関係を重視する家族が減少し，夫婦の横の関係を中心とした家族が増加する。そこでは，夫婦は対等で情緒的な関係，つまり恋愛によって結ばれるようになる。他方でしかし，夫婦関係は性別分業というかたちで明確にジェンダー化されており，女性は稼ぎがない分，依然として従属的な立場であったといえよう。

　また，家族を取り巻く社会制度も，女性の非労働力化を促した。1961年に配偶者控除制度が導入され，専業主婦あるいはパート女性のいる夫婦が税制上の優遇を受けるようになった。民間でも，大企業を中心に家族手当が導入され，配偶者を扶養している場合に手取り収入が増えるようになったため，有配偶女性が稼ぐことへのインセンティブはますます小さくなった。

　既に見てきたように，女性の非労働力化の流れは1970年代を境に反転した。1980年代に入ってからは，女性の労働力への参加は再び活性化する。しかし，次節で見ていくように，特に日本の場合，性別分業からの脱出は順調に進んでいるとはいえない。

4. 脱・性別分業社会体制への移行

前近代，近代と，家族ははっきりとジェンダー化されていた。では，女性の有償労働への再参加が進む現在ではどうなのだろうか。

世界的な潮流としては，性別分業体制は縮小し，共働き体制への移行が進んでいる。ただし，日本で 1980 年代以降に生じた最も顕著な家族の変化は，そもそも家族をつくる人が減るという未婚化の流れであった。未婚化についての詳細は第 7 章で論じるが，その背景には，性別分業が首尾よく克服できなかったことがある。

日本では，1970 年代初頭に高度経済成長が終了したあとも，1980 年代までは比較的安定した雇用が男性には確保されていた。しかし 1990 年代以降は男性雇用が不安定化し，女性の稼ぎへの期待も徐々に大きくなっていく。しかし女性が働く環境の整備が遅れたこと，家庭内での女性の役割が重いことなどから，共働き世帯の増加が進んでいない。

表 6-2 は，25 歳から 49 歳までの有配偶者について，従業上の地位別に分布を示したものである。「共働き」といってもその内実は多様であ

表 6-2 有配偶者における従業上の地位の分布

	妻正規雇用	妻非正規雇用	妻自営	妻その他	計
夫正規雇用	22.4	29.5	3.3	25.9	81.2
夫非正規雇用	1.0	2.1	0.1	1.1	4.3
夫自営	2.6	3.3	3.8	2.2	11.9
夫その他	0.7	1.1	0.1	0.7	2.6
計	26.7	36.0	7.4	29.9	100.0

＊ 25 歳から 49 歳までの有配偶男女。数値は％（四角囲みの中の数字を合計すると 100.0 になる）

（出典：「社会階層と社会移動（SSM）全国調査 2015」を基に筆者作成）

るが，いわゆる正規雇用の共働きについては，2015年時点においても22.4%しか存在しないことが分かる。「その他」はそのほとんどが無職であるため，「夫正規雇用」と「妻専業主婦」の組み合わせは25.9%であり，正規雇用共働きの数を上回る。

　共働き化が順調に進まない背景には何があるのだろうか。一つには，長時間労働や転勤を伴う男性中心の働き方が緩和されないということがある。図6-2に示したように，出産を機に退職してしまう女性の割合は，確かに減少傾向ではあるものの，3割以上存在する。

　また，家庭内無償労働の分担の体制が平等化していないということも

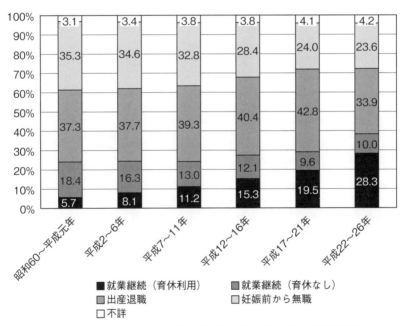

図6-2　子どもの出生年別，第1子出産前後の妻の就業経歴

（出典：「平成29年版男女共同参画白書」）

大きな原因である。本来、有償労働を夫婦のあいだで分担しているのならば、それに対応して家庭内の無償労働もまた負担の平等化が進むはずである。しかし、図6-1でも示されているように、この流れはあまり進んでいない。さらに表6-3には、夫がいわゆるフルタイムの就業をしている夫婦において、妻の就業状態ごとに「食事の用意」と「子どもの身の回りの世話」の頻度のデータを示したものである。妻がフルタイムの場合のほうが、若干割合均等に近づくのだが、それでも夫婦間に圧倒的に差があることに違いはない。妻がフルタイムで仕事をしていても、食事の用意を毎日すると回答している夫は（妻が約68%なのに対して）3%程度に過ぎない。

　表6-3の比較では夫婦間の収入差を考慮に入れていないが、筒井

表6-3　妻の就業形態ごと、家事・育児を「ほぼ毎日」しているという回答の割合（%）

	食事の用意		子どもの身の回りの世話	
	妻	夫	妻	夫
妻フルタイム	68.18	3.12	74.58	17.95
それ以外	86.11	1.94	84.39	8.63

注：有配偶女性の回答データのみ。妻の就業形態は、現在就いている仕事に就いてのもの。「フルタイム」とはこの場合、「経営者・役員」あるいは「常時雇用されている一般従業者（公務員を含む）」を指しており、それ以外にはいわゆるパートタイムなどの非正規雇用や専業主婦等が含まれている。夫婦ともに年齢が28〜49歳のケースのみ。夫が「経営者・役員」あるいは「常時雇用されている一般従業者（公務員を含む）」のケースのみ。夫婦いずれかが「自営業主・自由業者」あるいは「自営業の家族従業員」のケースを除外。夫婦いずれかの健康状態が「やや悪い」「たいへん悪い」という回答のケースを除外。
　　　　　　　　　　（出典：第3回全国家族調査（NFRJ08）を基に筆者作成）

（2014）によれば，有償労働の時間や稼ぎの大きさがほぼ同じ夫婦に限って見ても，女性が無償労働を多く負担しているという不公平が確認できる。

　以上から分かることは，「男性は有償労働，女性は無償労働」という性別分業の次に来ているのは，「男性も女性も均等に有償労働かつ無償労働」という分担体制ではなく，「男性は主に有償労働，女性は有償労働も無償労働も両方」という体制である。これを旧来型の性別分業から区別して，「新性別分業」と呼ぶことがある。

　以上のように，女性の雇用労働化が進む中でも，家族や夫婦の役割はジェンダー化されたものであり続けている。

5. ジェンダー家族の限界

　家族内にとどまり続ける傾向が強い無償労働の中には，いわゆるケア・ワークがある。ケアとは，他者による身体的・情緒的な世話を意味しており，典型的には育児・介護・看護などがある。ケアは保育所，病院，介護施設などの普及によりある程度外部化されているが，家族によって担われる部分もまだ大きい。そして家族にケアを提供するのは，圧倒的に女性である。

　女性が家庭外の有償労働に従事するようになると，ケアを誰が行うのかという問題が先鋭化する。これに対して，外部のサービスを充実させる（保育サービスの拡充など），有償労働を制限して対応する（育児・介護休業制度，時短勤務制度など），家族（夫婦）が分担して対応する，などの方策が考えられる。このうち，最後の方策は，（異性愛夫婦の場合に限れば）家族の中に有償労働と無償労働の担い手が夫と妻の2人存在していることを前提としている。夫，妻というジェンダー対を核とした家族のことを，「ジェンダー家族」と呼ぶ。共働き夫婦がケア労働を含

む無償労働を平等に分担することで問題を緩和しようとすることを「ケアの再配分」（田村 2011）と呼ぶならば，ケアの再配分においては多くの場合，ジェンダー間の均等を目指しながらも，それだけにジェンダー家族が前提となっているのである。

ジェンダー平等によってさまざまな問題に対処しようという動きは，現代社会において顕著なものである。ドイツ，イタリア，日本その他の東アジアの国・社会（韓国，台湾，シンガポールなど）を悩ます少子高齢化への対応において最重要課題となっているのも，ジェンダー平等である。というのも，ジェンダー平等が進んだ国ほど，出生率が高いという傾向が認められるからである（Esping-Andersen 2009=2011）。

しかし，ケアの問題が深刻なかたちで現れるのは，むしろジェンダー家族ではない家族においてである。ひとり親の家族においては子どものケアを誰が行うのか，高齢単身者においては自分のケアを誰が行うのかという問題に対応する際に，配偶者をあてにすることはできない。そもそも，配偶者が家族の中にいないからである。

女性の有償労働への再参入，少子高齢化にともなう高齢世帯の増加によって，ケアの問題はますます深刻化している。配偶者はいないがケアが必要な家族でも活用しやすい両立支援や，ケア・サービスの公的提供の拡充などが必要とされている。フェミニズムの新しい潮流においては，ジェンダー平等がすべてを解決するという見方を廃して，社会的なサポートのターゲットを，ケアする者とケアされる者の関係に置くべきだ，という立場も存在する（キテイ他 2011）。

家族とジェンダーの結びつきは，時代に応じて変化しつつある。それはまた，人々がライフコース上で生じうるリスクにいかに対応するかということにも関連している。グローバル化により雇用が不安定化する中で，共働き世帯をジェンダー家族として形成することは経済的なリスク

を軽減する一つの戦略である。ただ，その場合の夫婦は，ジェンダーによる役割特化が小さな，より均等なものである必要がある。他方で，未婚化，離婚の増加，高齢化により，自分を含めた家族メンバーのケアにおいて配偶者のサポートが得られないリスクもまた増加している。こういったリスクを軽減するためには，そもそもジェンダー家族に頼らない生活保障のシステムを構築する必要がある。

謝辞：本研究は JSPS 科研費特別推進研究事業（課題番号 25000001）に伴う成果の一つであり，本データ使用にあたっては 2015 年 SSM 調査データ管理委員会の許可を得た。また，全国家族調査のデータの二次分析にあたり，東京大学社会科学研究所附属社会調査・データアーカイブ研究センター SSJ データアーカイブから〔「家族についての全国調査（第3回全国家族調査，NFRJ08），2009」（日本家族社会学会全国家族調査委員会)〕の個票データの提供を受けた。

《学習課題》

① 男女で職業構成が異なる「性別職域分離」について，データや論文を調べてみよう。

② 無償労働の価値を測定（貨幣評価）する方法について調べてみよう。

引用・参考文献

姉歯曉，2018，『農家女性の戦後史：日本農業新聞「女の階段」の五十年』こぶし書房

Chodorow, N., 1978, *The Reproduction of Mothering: Psychoanalysis and the Sociology of Gender*, University of California Press. = 1981，大塚光子・大内管子訳『母親業の再生産』新曜社

江原由美子，2001，『ジェンダー秩序』勁草書房

Esping-Andersen, G., 2009, *The Incomplete Revolution: Adapting to Women's New Roles*, Cambridge: Polity Press. = 2011, 大沢真理（他）訳『平等と効率の福祉革命：新しい女性の役割』岩波書店

神原文子, 2013, 「家族とジェンダー」『よくわかるジェンダー・スタディーズ』ミネルヴァ書房, pp.76-7

神原文子, 2016, 「夫婦関係とジェンダー」『よくわかる現代家族［第二版］』ミネルヴァ書房, pp.100-1

エヴァ・フェダー・キテイ・岡野八代・牟田和恵, 2011, 『ケアの倫理からはじめる正義論：支え合う平等』白澤社

OECD, 2012, *Closing the Gender Gap*, OECD Publishing

田村哲樹, 2011, 「労働／ケアの再編と「政治」の位置」仁平典宏・山下順子編『ケア・協働・アンペイドワーク』大月書店, pp.191-220

筒井淳也, 2014, 「女性の労働参加と性別分業：持続する『稼ぎ手』モデル」『日本労働研究雑誌』648: 70-83

筒井淳也, 2015, 『仕事と家族：日本はなぜ働きづらく, 産みにくいのか』中公新書

7 | 結婚

筒井淳也

《目標&ポイント》
① 結婚についての基本的な理論枠組みを理解する。
② 未婚化の要因について理解する。
③ 結婚のこれからのかたちについて理解する。
《キーワード》 ロマンティック・ラブ，配偶者選択，同類婚，結婚タイミング，未婚化，多様なパートナーシップ

1. 結婚についてのいくつかの理論

（1）結婚とは

結婚は，私たちにとって身近なイベントあるいは制度であるが，他方で地域や時代によって異なった様相を見せるものでもある。

もちろん，緩やかな共通点もある。まず結婚は基本的にセクシュアリティを含んだ性的関係である。次に，結婚は（恋愛と同様に）排他的な関係である。すなわち，誰かと結婚しているときは，自由に他の人と同様の関係を結ぶことはできない。最後に，強さや期間の長さ（相手と離別・死別しないかぎり，死ぬまで有効である）の面で他の関係の在り方よりも強いものである。ただ，以上のような共通点がありつつも，結婚の結びつきの強さ，その制度化の度合いは地域や時代によってさまざまでありうる。

現在の日本では，法的に結婚すればおよそ10個程度の権利義務が生

じる。夫婦同姓，扶助義務（夫婦の生活程度を同じ水準にする義務），貞操義務，日常家事債務の分担義務などである（日本家政学会 2018：p. 26）。最後の「家事」とは炊事・洗濯等のことではなく，「個々の夫婦がそれぞれの共同生活を営むうえにおいて通常必要な法律行為」といった意味である（住宅を購入する際にローンを組む，といった行為）。結婚に関する権利義務が制度化されている度合いは，経済先進国においてはある程度類似しているものの，バリエーションがある。フランスなどキリスト教信仰が強い国では，離婚のための条件や手続きが日本よりも格段に複雑になる傾向がある。

　配偶者同士の結びつきの強さについていえば，前近代社会では概して夫婦関係のあいだに強い情緒的なつながりは希薄だったとされている。人はむしろ家族の外の（しばしば男女や年齢別に構成された）集団において感情的な交流を行っていた。近代になると，夫婦関係にもロマンティック・ラブの考え方が浸透し，夫婦の情緒的な関係が緊密化したといわれている（Shorter 1975=1987）。

　歴史的な変化や法制度上の多様性のほか，現代の社会学において結婚について研究されることが多いのは，「どうやって結婚するか」「どういった人と結婚するか」，そして「いつ結婚するか」ということである。

（2）配偶者選択

　まずは「どうやって」であるが，これは結婚研究の文脈では「配偶者選択」と呼ばれている。配偶者選択についての研究では，主に見合い婚と恋愛婚について研究されている。第1章でも恋愛婚の増加について触れているが，一般的に社会が産業化するにつれて見合い婚が減少し，恋愛婚が増加する傾向が観察される。

　見合い婚でも，その内容は地域・時代によって多様である。見合い婚

には結婚候補者を仲介する役割の人がいるが，これが親のこともあるし，親以外の親戚や村落共同体の重鎮であることもある。見合い婚と恋愛婚の区別についても，あいまいなところがある。現代日本の「お見合い」において典型的であるが，仲介役は紹介と出会いの場のセッティングのみを行い，その後相手との仲が結婚までたどり着くかどうかは，当事者次第，ということもある。このような「お見合い」のかたちは，出会いも決定も仲介役あるいは親という伝統的な見合い婚とはかなり異なっている（筒井 2016）。

　見合い婚から恋愛婚への変化の背景には，雇用の増加があると考えられている。農業でも商売でも，家業に従事している人が減り，会社に雇用されている人が増えると，子どもは会社に雇われてそこから給与を得るため，親（家）から経済的に独立することになる。そうすると，結婚相手の選択も自分の意志で行うことが増えるのである（Thornton & Fricke 1987：p. 765）。

　配偶者選択についての実際のデータを見てみよう。図 7-1 は，初婚について，出生コーホート別に見合い婚と恋愛婚の割合の推移を示したものである。1930 年代生まれの人々にとっては，まだ見合い婚の方が多かったが，1940 年代生まれの人々のあいだでは見合いと恋愛が同じくらいになり，その後逆転している。

　他方で，結婚の決定の際に親の意見が影響を持ったかどうかという回答を見ると，見合い婚をした人のうちの 57.8% の人が，そして恋愛婚をした人のうちでも 22.5% の人が「かなり影響した」あるいは「ある程度影響した」と答えている（JGSS-2006 データによる）。つまり，恋愛結婚におけるように結婚相手を自分で探してきた場合でも，結婚の意思決定に際しては親の影響が一定程度見られるのである。そして，親の影響は特に女性において強く見られる。これは，先程触れた，会社から雇用さ

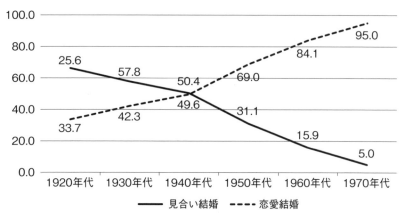

図7-1 出生コーホート別，見合い婚と恋愛婚の割合の推移

注：JGSS では，配偶者選択について「見合い」「人からの紹介（見合い以外）」「見合いでも紹介でもない」という選択肢から回答を得ており，「紹介」の場合には紹介者が誰かを尋ねている。ここでは，紹介のうち「親・その他の親族」「近所の人」「結婚相手を紹介する個人や機関」による紹介だという回答については，見合い結婚に含めている。

（出典：JGSS-2006 を基に筆者作成）

れることで親から経済的に独立することが恋愛婚を増やすという傾向が，女性においてはそのまま当てはまらないことを意味している。すなわち，性別分業社会では女性の結婚の幸福が男性の地位にかかっているため，女性の親が特に，子どもが適当な結婚相手を選んでいるかどうかを気にかけているのである（Tsutsui 2013）。

（3）同類婚

これまでは「どうやって結婚に至るのか」についての説明であったが，次に「どういった人と結婚するのか」というテーマについて考えてみよう。これは主に同類婚研究において検討されている。同類婚とは，何ら

かの意味で性質が類似した人同士が結婚することである。例えば同じ宗教・宗派の人，同じ社会階層の人同士が結婚しやすいのかどうか，といったことである。日本では江戸時代まで，階級による同類婚の義務が存在した。武家の人間は同じ武家の階級と結婚することが原則であり，そうではない場合には特別の手続きが必要であった。明治期以降の日本ではこういった規制は存在しないが，しかし同じ学歴の者が結婚しやすいなど，社会階層による同類婚の傾向がはっきりとあり，また学歴同類婚が世代を超えて連鎖する傾向が近年強化されているといった示唆も得られている（打越 2016）。

　他方で，日本や韓国など，性別分業が強い社会においては，女性上昇婚の傾向も強くなる。女性上昇婚とは，女性が結婚相手として自分よりも地位の高い男性を選ぶことを指している。

（4）結婚タイミング

　最後のテーマである「いつ結婚するか」については，結婚タイミング研究のもとで検討されている。

　前近代社会においては，結婚は家（家政）の利害・戦略と結びついていた。例えば長男以外が田畑の相続権を持たない場合，長男以外の男子については，結婚後の生計維持の困難から結婚のチャンスが制限される可能性があった。また，不況や農作物の不作の時期にはたくさんの子どもを含む世帯の維持が難しくなるため，結婚を遅らせて子どもの数を減らす，といった方策が取られることもあった。

　現代でも，結婚においては結婚後の生活が成立するかどうかが重要な決め手となる。例えば女性が望む生活水準を満たす経済力を持つ男性が社会全体で減っていれば，結婚タイミングは全体的に遅れることになる。というのも，女性にとって結婚相手を探す期間（サーチ期間）が長くな

るからである。また,「当然結婚すべき」「何歳くらいまでに結婚すべき」といった価値観の影響もある。より自由な価値観が支配的になれば, 結婚タイミングは遅くなるし, 結婚しないという選択肢も増えることになる。

以上,「どのように (配偶者選択)」「誰と (同類婚)」「いつ (タイミング)」という3つの側面から結婚の理論を見てきたが, これらは当然ながら絡み合っている。既に触れたように, 男性のみが主な稼ぎ手となる性別分業社会では, 女性上昇婚の傾向が強くなり, これが女性の親が娘の配偶者選びに影響を及ぼす背景となってる。

また, 同様に性別分業が強い社会では, 稼ぐ力のある男性の減少が未婚化を引き起こす可能性がある。なぜなら, 女性にとって自分よりも稼ぐ力のある男性が減ってしまい, 結婚相手を探す期間が延びてしまうからである。

女性の経済力の向上が結婚タイミングを遅らせるかどうかは, 社会的環境に依存している。性別分業社会においては, 結婚のメリットは夫婦間での分業, すなわち男性が有償労働に, 女性が無償労働に専念することで大きくなるため, 稼ぐ力のある女性にとっては結婚のメリットは小さくなる。これは経済学者のG.ベッカーによって提起された理論で, しばしば結婚の専門化仮説といわれている (Becker 1991：p. 31)。

他方で, 高学歴化や職業スキルの高度化が, 人が安定した地位に落ち着くまでの期間の延長に結びつくことが未婚化を引き起こしているという理論もある。これは, 社会学者のV.K.オッペンハイマーの仮説である (Oppenheimer 1988)。この仮説を敷衍すると, 雇用が不安定化した時代においては, 女性のみならず男性も稼ぐ力を持つ女性を結婚相手として探すようになるため, 高学歴女性の方が早く結婚する, という理論的予測も可能になる。そして「稼ぐ力のある女性の方が結婚が早い」とい

う傾向は，1990 年代以降の日本においても見られる，という実証分析もある（福田 2012: p. 97）。

2. なぜ未婚化が進んだのか

（1）ミスマッチ

　前節で結婚タイミングの理論について説明したが，ここではこれらの理論を参照しながら日本社会における未婚化（晩婚化）の趨勢（すうせい）と要因について考えてみよう。

　第 3 章で見たように，平均初婚年齢は 1970 年代から一貫して上昇傾向にあり，未婚化が続いている。戦後の日本では，1970 年代の前半までは婚姻率が非常に高く，第 1 章でも触れたように「皆婚社会」であった。しかしこの傾向は長続きせず，1970 年代後半からは結婚タイミングの遅れ，そしてそもそも結婚を選択しない人の増加が見られるようになった。

　何が未婚化をもたらしたのだろうか。有力な仮説は，ミスマッチ仮説である（Raymo & Iwasawa 2005）。これは，特に女性が結婚相手として望む条件を持つ男性が減ってきたことを意味している。そしてその背景には，女性の高学歴化と男性の雇用の不安定化がある。

　データを見てみよう。図 7-2 は，1980 年代と 2000 年代において，結婚について女性がどのような選択（配偶行動）をしてきたのかの割合を示したものである。例えば一番左の一番上の数値（0.06）は，1980 年代において，ある年に未婚だった高卒の女性が 100 人いた場合，一年後までに約 6 人が「上位婚」をした，という意味である。この場合の上位婚とは，結婚相手として「望ましい」と考えられやすい職業に就いている男性との結婚のことである。

　概して，1980 年代においても 2000 年代においても，高卒の女性に比べて大卒の女性は上位婚を望み，下位婚を拒否していることが示唆され

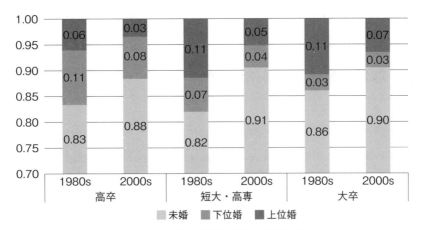

図7-2　女性の配偶行動の予測確率

注：上位婚とは，ここでは「専門」「経営」「事務」の職業を持つ男性と結婚した
　　ことを，下位婚とはそれ以外の職業の男性との結婚を意味している。予測確率
　　の計算の詳細については，筒井（2018）を参照。

（出典：SSM（社会階層と社会移動全国調査）2015 を基に筆者作成）

る。グラフに示されているように，未婚でい続ける女性の増加と，（グ
ラフからは分からないが）大卒女性が全体として増えていることを考え
ると，次のようなことが分かる。すなわち，高い地位を持つ男性を望む
女性が増加しているのに，そういった男性の「結婚市場への供給」が増
えていないのである。このミスマッチが，未婚化を帰結しているのであ
る。

　前節で触れたように，1990 年代以降においては稼ぐ力のある女性の方
が結婚タイミングが早い，という研究もある。したがって，女性の上昇
婚願望が結婚を遅らせている，という状態には一定の変化が生じている
可能性もある。ミスマッチの状態については，現在生じている変化も視
野に入れつつ，見ていく必要があるだろう。

（2）結婚希望は不変

　未婚化は「結婚しなくてもよい」と考えている人々の増加，すなわち価値観の変化によるものではないか，という見方がされることもある。しかしながら，少なくとも日本社会では，結婚を望まない人が顕著に増えている，という傾向は見られない。図 7-3 は，18～34 歳の未婚者のうち，「いずれ結婚するつもり」あるいは「一生結婚するつもりはない」と回答した人の割合を示したものである。

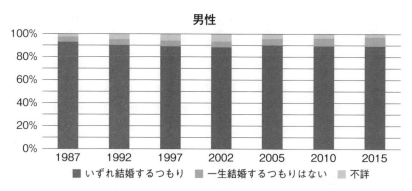

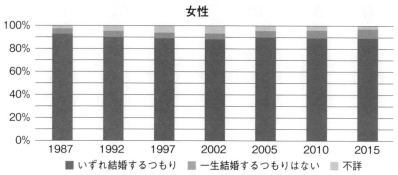

図 7-3　結婚意向の推移

（出典：第 15 回出生動向基本調査を基に筆者作成）

女性よりも男性において，若干「一生結婚するつもりはない」という回答が多い傾向が見られるが，概して9割近い独身者は，「いずれ結婚するつもりである」と考えているのである。したがって，未婚化は結婚しなくてよいという価値観の増加が原因とはいえない。

3. 結婚のこれから

（1）結婚と所得格差

経済先進国では，一般的に結婚後の夫婦の生活は性別分業から共働きに移行している。これは日本でもあてはまるが，第6章で見たようにフルタイム共働きカップルの割合はまだ小さい。アメリカのように夫婦ともにフルタイムで働くカップルが増えると，一つの独特の問題が生じる。男女が互いに結婚相手として稼ぎのある異性を見つけようとした結果，所得の高い男女同士が結婚し，他方で低所得の男女はやはり低所得の異性と結婚するという所得同類婚の傾向が強くなる。その結果，極めて高い世帯所得を持つ家庭とそうではない家庭とのあいだの所得格差が大きくなる可能性がある（Schwartz 2010）。

所得格差の拡大は，同類婚の「意図せざる結果」である。また，当人たちが意図して自分と同等の所得を持つ相手を見つけて結婚しようと思わない場合でも，所得同類婚は生じうる。しばしば所得は当人の学歴や，場合によっては親の社会的地位によって影響される。そして，学歴や社会的地位が類似した人とは，価値観が一致していたり，楽しい会話ができる，といった可能性が高くなる。つまり，情緒的な面で好きになる人は，そもそも社会的地位，ひいては所得水準が同等であることが多いのである。

近代社会では，結婚は「家」同士の政治的・経済的関係の一部であるというより，当人たちの愛情に基づいたものになってきた。これをA.ギ

デンズは「純粋な関係性」と呼んだ（Giddens 1991=2005）。ただ，学歴を含む人の社会経済的な地位と，その人の性格や価値観が連動する以上，「純粋」に情緒的な相性で選んだ相手が，結果的に類似の社会経済的地位の人だった，ということが生じるのである。

（2）生涯未婚

　既に見てきた同類婚の理論枠組みは，多くの人が結婚するということを想定している。しかし実際には，「どういう人と結婚するか」という問いは，「結婚するかどうか」の選択の上でしか成立しない。そして現代日本では，そもそも結婚していない人が増えているのである。

　未婚化といっても，結婚タイミングが全体的に遅くなっている，つまり晩婚化が生じているが，いずれは多くの人が結婚に至るというパターンと，結婚する人は早く結婚するが，しない人はずっとしないというパターンを分けて理解する必要がある。日本で進んでいるのはこの両方であり，結婚する人たちにとっても結婚のタイミングはかつてより遅くなっているし，他方で一生のうちに一度も結婚しない人も増加傾向にある。一生のうちに一度も結婚しないことを「生涯未婚」と呼ぶが，第3章で見たように生涯未婚の割合も増加傾向にある。

　生涯未婚は，人生のうちで一度も「結婚しないこと」を意味しているため，結婚の研究においては見落とされがちであるが，老後の社会保障の観点から見ると重大な問題を含んでいるため，注視が必要である。

（3）パートナーシップの多様化

　最後に，経済先進国では，「結婚しない」ということの意味が変化しつつある，ということに注目する必要がある。すなわち，法的な結婚ではないかたちで，性的，排他的，かつ長期的な関係を持つ人が増えてい

るのである。これは一般に同棲（どうせい）と呼ばれる関係である。欧米社会では非婚同棲というパートナーシップのかたちが急激に増えており，現代家族の変化のなかでも最も顕著な変化として理解されることもある（善積1993）。

OECD の統計によれば，2011 年において，20-34 歳の人々のうち同棲している人の割合（この場合は，何らかの形で法的に登録されているパートナーシップを除く）は，フランスでは 28.53% と結婚あるいは法的パートナーシップの割合（21.89%）を上回っている。イギリスでも，同年齢帯においては同棲と結婚の割合はほぼ同じである。

以上のような変化を受けて，現在の社会調査においては，パートナーとの関係について，結婚と同棲を分けていることが多い。さらに，法的な結婚，法的に登録されたパートナーシップ，法的に登録されていない同棲など，パートナーシップのステータスは複数のものとして捉えられるようになってきている。そのため，人々の間での概念的な混乱が生じることがある。例えば，英語圏において「コモン・ロー・マリッジ（common-law marriage）」という場合，行政や法律の文脈では，法律婚とある程度同じような法的措置を受ける結婚を指していることが多いが，一部の人々は法律婚以外のすべてのパートナーシップを指してコモン・ロー・マリッジと呼んでおり，自分のパートナーシップが「コモン・ロー・マリッジ」として受けられるはずの恩恵が受けられなかった，という混乱も生じている。

日本では同棲を登録する国の法律は存在しないし，同棲者あるいは同棲経験者の割合も，他の経済先進国に比べると低い水準である。例えば，2015 年時点で 18〜34 歳の人のうち，同棲（特定の異性と届け出なしで一緒に生活をしたこと）経験のある人は男性で 10.4%，女性で 11.9% である（第 15 回出生動向基本調査より）。この数値はこれまでの経験率で

あり，現在の同棲者の割合になると，数値はもっと低くなる。

　制度としても，同棲者を念頭に置いた制度化はなされていない。いくつかの地方自治体では，同性パートナーシップを登録する制度が設けられているが，異性の同棲に関連する制度ではない。

　法律婚，コモン・ロー・マリッジ，同棲といった概念が英語圏において幅のある理解を含んでいることと同様に，日本においても内縁，事実婚，同棲といったパートナーシップに関連する概念には，人や文脈によってそれなりに理解の幅がある。法的に登録しないで異性と生活をともにしていることを，場合によっては内縁，別のケースでは事実婚あるいは同棲と呼ぶことがある。

　法律婚とそれ以外のパートナーシップについては，法律上の問題と概念の理解の問題を分けて考える必要がある。法律上は，法的に登録されていなくても，異性パートナーと生活を共にしている場合には，法律婚と同等の処遇を受けられる場合もある（社会保険，相続，離婚に伴う財産分与など）。この規定にはそれほど理解の幅がない。しかし，内縁や事実婚，同棲といった概念は，人々が自らのパートナーシップを呼称するための日常的，非法律的なカテゴリーであり，したがって理解の幅や不一致も生じうる。社会学者らの研究によれば，自分たちのパートナーシップを事実婚だと理解している人々は，それが（しばしば内縁関係に見られるように消極的な理由で法律婚できないケースとは違って，夫婦別姓のため，といった）自主的な選択であり，かつ（籍は入れないまでも）あくまで婚姻関係であるという点で「同棲とは違う」と考えている傾向があるという（阪井ほか 2015）。

　以上のように，結婚制度は経済先進国でも日本でも，ある程度流動的な要素を含みつつ，変化している。日本で顕著に見られる変化は未婚化，ひいては生涯未婚の増加であるが，他の社会を見渡してみると，共働き

社会化にともなう所得同類婚の増加と所得格差の拡大，パートナーシップの多様化などが進んでいるのである。

謝辞：日本版 General Social Surveys（JGSS）は，大阪商業大学 JGSS 研究センター（文部科学大臣認定日本版総合的社会調査共同研究拠点）が，東京大学社会科学研究所の協力を受けて実施している研究プロジェクトである。JGSS-2000〜2008 は学術フロンティア推進拠点，JGSS-2010〜2012 は共同研究拠点の推進事業と大阪商業大学の支援を受けている。SSM2015 データの利用と分析にあたっては，2015 年 SSM調査データ管理委員会の許可を得た。

《学習課題》

① 「結婚しない理由」についての統計を調べ，時代ごとのその変化をまとめてみよう。

② 日本でも，一部の自治体で同性パートナーシップの登録が制度化されている。登録するとどういった恩恵があるのか，自治体ごとに調べてみよう。

引用・参考文献

Becker, G. S., 1991, Treatise on the Family (2nd Edition), Cambridge, Mass. : Harvard University Press

福田節也，2012,「消費生活に関するパネル調査を用いた分析：結婚形成における女性の稼得能力の役割」安藏伸治・小島宏編『ミクロデータの計量分析』原書房，pp. 93-124

Giddens, A., 1991, Modernity and Self-Identity: Self and Society in the Late Modern Age, Cambridge: Polity Press. ＝ 2005, 秋吉美都・安藤太郎・筒井淳也訳『モダニティと自己アイデンティティ：後期近代における自己と社会』ハーベス

ト社

日本家政学会編，2018，『現代家族を読み解く 12 章』丸善出版

Oppenheimer, V.K., 1988, "A Theory of Marriage Timing," *American Journal of Sociology*, 94（3）: 563-91

Raymo, J. M. & M. Iwasawa, 2005, "Marriage Market Mismatches in Japan : An Alternative View of the Relationship between Women's Education and Marriage," American Sociological Review, 70（5）: 80-22

阪井裕一郎・本多真隆・松木洋人，2015，「事実婚カップルはなぜ「結婚」するのか：結婚をめぐる差異化と同一化の語りから」『年報社会学論集』28 : 76-87

Schwartz, C.R., 2010, "Earnings Inequality and the Changing Association between Spouses' Earnings," *American Journal of Sociology*, 115（5）: 1524-57

Shorter, E., 1975, *The Making of the Modern Family*, New York : Basic Books. = 1987，田中俊宏・岩橋誠一・見崎恵子・作道潤訳『近代家族の形成』昭和堂

Thornton, A. & T.E. Fricke, 1987, "Social Change and the Family: Comparative Perspectives from the West, China, and South Asia," Sociological Forum, 2（4）: 746-79

Tsutsui, J., 2013, "The Transitional Phase of Mate Selection in East Asian Countries," *International Sociology*, 28（3）: 257-76

筒井淳也，2016，『結婚と家族のこれから：共働き社会の限界』光文社新書

筒井淳也，2018，「1960 年代以降の日本女性の結婚選択」『2015 年 SSM 調査報告書』2 : 61-76

打越文弥，2016，「学歴同類婚の世代間連鎖とその趨勢：大規模調査データの統合による計量分析」『家族社会学研究』28（2）: 136-47

善積京子，1993，「非婚同棲カップルのライフスタイル」『家族社会学研究』5 : 59-66

8 | セクシュアリティと家族

田間泰子

《目標＆ポイント》
① セクシュアリティの多様性とセクシュアル・ライツの概念を理解する。
② 現代におけるセクシュアリティと家族をめぐる課題を理解する。
《キーワード》 セクシュアリティ（sexuality），性的指向（sexual orientation），
性自認（性同一性，gender identity），セクシュアル・ライツ（sexual rights）

1. セクシュアリティと現代

（1）ポスト近代社会におけるセクシュアリティと家族

　セクシュアリティの定義を，本書では「性的なものごとにかかわる行動・意識・情動・欲望などの在り方」とする。セクシュアリティは，性的指向（どのような対象に性的関心が向かうか。sexual orientation）と性にかかわるさまざまな活動を含む。また，セクシュアリティは，性自認（自分の性別が何であるかという意識。gender identity），および社会的な性役割（gender role）とも結びついて構成されている。性的活動はしばしば人と人との身体的な接触を伴い，精神的な親密性や子どもをもたらすことによって，家族形成の重要な契機となりうる。これが，「セクシュアリティと家族」を論じる第一の理由である。

　しかし他にも，現代の日本社会において，特に「セクシュアリティと家族」を独立の章として論じる理由が3つある。

　1つは，他章で繰り返し述べられているように，現代日本にはかつてないほど多くの独身者が存在し，その人数は今後もますます増加すると

予想されることである。第二次世界大戦後の近代においては，法的婚姻は，理想としては性関係をその内部に囲い込み，婚姻（すなわち性関係）は配偶者の死別とともに終了し，その後の人生は短かった。しかし，このような近代家族的セクシュアリティの囲い込みは，現代社会ではあまりにも多くの独身者の存在により，不可能になっている。その原因は，何よりもまず未婚化・晩婚化である。離婚の増加もあげられよう。また，寿命の延びによって高齢者が配偶者と死別後に長く独身生活を送る現状がある。このような多数多様な独身者の存在は，戦後日本のさまざまな仕組みがつくられた1960年代の日本には，想定されえなかったものである。ゆえに，まさに現代日本の社会的課題として，家族の内部に収まりきらないセクシュアリティを論じておく必要が生じている。

　2つめの理由も，近代家族にかかわっている。すなわち，近代家族が想定していたセクシュアリティは一夫一婦制の異性愛であるが，近年，人権の視点から，その規範性（異性愛規範，heteronormativity）とそれによってもたらされた問題が指摘されているからである。現代では，性的指向と性自認は多様で，変化する場合もあることが理解されつつあり，それらを人権として尊重するという視点から，いま，近代家族とその前提となるセクシュアリティの規範性が国際的に問い直されている。日本社会も，そのような国際的な潮流と無縁ではなく，セクシュアリティと家族の在り方との関係を考えていかねばならない時代となっている。

　3つめの理由として，近代以降，セクシュアリティが生殖と分離することが可能になってきたからである（第9章参照）。この傾向は，現代においては生殖技術の発達と普及によっていっそう強まっているため，セクシュアリティを婚姻や生殖と結びつけ囲い込んでしまうことができず，家族形成にかかわる現代的な問題として別個に取り上げる必要が生じている。

（2）セクシュアリティと近代—異性愛規範と「性別」の誕生

　現代日本のセクシュアリティにかかわる諸問題を論じる前に，近代以降，日本社会に大きな影響を及ぼした西洋近代社会の知について，簡潔に述べる。

　結論からいえば，西洋近代は，(1)性別が男性か女性であることを「正常」とし，(2)性的指向として異性愛を「正常」とし，さらに(3)性関係を恋愛と婚姻制度に結びつけて一夫一婦制を理想とする規範を日本にもたらした。

　(1)については，近代西洋で発達した自然科学によって，「性別」が男女という二項対立的なものであり，かつ性別は不変であるという考えが確立された。当時の西洋社会は，「新大陸」やアジア，アフリカなどで新しく膨大な事物を動植物からヒトにいたるまで収集し，取り調べ，計測し，新しい知の秩序を確立していった。知の近代化である。この近代的知の秩序における重要な柱の一つとなったのが，性別であった（シービンガー 1996，ラカー 1998，ジャコーバス他編 2003）。性別は，生物学的な客観的事実として，ヒトにおいては男女の2種類しか存在せず一生不変であることが「正常」であり，それ以外の事象は「異常」であると意味付けられた。この知は，自然科学の専門的知として探究され，また学校教育や医療において普及した。

　しかし，現実を顧みるならば，ヒトも他の生物と同様に，生物学的に性別の多様性を有している。くわえて，ヒトには心があり，身体的性別と性自認が一致しなかったり，性自認が揺らいだり変化したりすることがある（石井 2018）。近代社会では「正常」を良しとして，本人の性自認と異なる性別の強制が度々行われたが，当事者に非常な苦痛を与えたことが多数の事例から現代では明らかにされている（コラピント 2005）。

　(2)は,「セクシュアリティのジェンダー化」といわれるものである（ウィークス 2015）。近代的な (1)の動きは,ヒトのセクシュアリティにも影響を及ぼした。自然科学にくわえて,精神分析や精神医学などが,男女間の異性愛を「正常」な性的指向と意味付け,それ以外の性的指向を「異常」と定義したのである（フーコー 1986,三成 2015）。また,異性愛において,「男性」らしいセクシュアリティと「女性」らしいセクシュアリティが補完的で代替不可能なものとして論じられた。例えば,「男性は能動的で女性は受動的」というように。それは人々の精神的な性質までをも男女の二分法に振り分けるもので,社会生活全般における「男性」らしさと「女性」らしさ,つまりジェンダーと強く結び付いていた。

　しかし,ヒトの性的指向は男女の二分法に基づく異性愛だけに収まらない。また,同じ性別であっても性的指向はさまざまであって,「男性だから」「女性だから」という一般化はできない。現代では,広く有性動物においても,性行動が異性間での生殖を目的とするほか,同性間で,優劣の示威,親愛を示し社会的絆を結ぶこと,永続的な配偶関係,緊張緩和などとして観察されている。すなわち,性的指向は多様であるうえ,そもそも性行動は社会関係の一つとしてさまざまな意味をもって遂行されうることが明らかにされてきた。

　(3)は,ロマンティック・ラブイデオロギーである（第 7 章参照）。フーコー (1986) は,18 世紀の西洋社会において,家族がセクシュアリティの「開花の特権的な点」になったと指摘している。法的婚姻の中に性的快楽が愛情と強く結び付いて囲い込まれたのだが,それは単純な性的抑圧といったものでは決してなく,夫婦関係の性愛化をもたらした。「夫婦が,正当にしてかつ子孫生産係りであるものとして君臨」したのである。

　このイデオロギーは,上記(1)や(2)とともに,近代的知として日本に輸入され,人々のセクシュアリティや身体に影響を及ぼした（赤川 1999,

Frühstück 2003, 川村 2004）。このイデオロギーの３つの要素（性行為・愛・結婚）の結び目を，ノッター（2007）は「純潔」であったとして，その規範意識が第二次世界大戦前に日本で普及し始めていたと述べている。第二次世界大戦後，ロマンティック・ラブイデオロギーは大衆化し，新しい時代の家族形成（恋愛結婚）の導き手となった。

　と同時に，強くジェンダー化されたこれら西洋近代的知の秩序は，当時の日本政府がモデルとした福祉国家の構想（英国のビヴァレッジ報告）の前提となっていたことも忘れてはならない。セクシュアリティにかかわるジェンダー化された知は，人々の性生活や家族形成に影響を及ぼしただけでなく，家族，福祉国家体制，そして労働市場の近代的編成というマクロな社会構造にも行き渡り，戦後日本社会を形成する原理の一つとなった。

（３）世界の動きとセクシュアル・ライツ

　1960年代から70年代にかけて，欧米諸国では，離婚や人工妊娠中絶の合法化，フェミニズムと性的マイノリティの権利運動などが広まり，日本がモデルとしてきたような「近代家族」を制度として維持することが困難になった。さらに21世紀に入り，多様性を尊重して同性間の配偶関係を認める国も徐々に増えている。

　同性間の配偶関係を公的に承認する方法には，(1)法的婚姻，(2)法的婚姻ではなくパートナーシップ契約（シビル・ユニオン：civil union），(3)法的婚姻も契約も行わないが事実を周囲に認めさせる事実婚がある。世界では，1989年にデンマークが(2)を導入し，90年代に各国に広まった。(1)法的婚姻を認める国は2001年のオランダが最初である。(2)を有した国々による(1)への制度改変も含め，(1)を制度として持つ国は，2018年現在，20カ国以上存在する（NPO法人EMA 2018）。日本では，

2018 年の時点で一部の自治体がパートナーシップ制度を独自に実施しているが，限定的な数にとどまっており，国としての施策は(1)(2)ともに存在していない（棚村・中川編 2016）。そのため，配偶関係の承認そのものではないが，公正証書を作成する，あるいは養子縁組を結ぶことによって親族関係を公的に形成する場合がある。

　なお，性同一性障害者の性別の取扱いの特例に関する法律（平成 15 年法律第 111 号）によって，「性同一性障害」と認められ戸籍の性別を変更した場合には，以前の性別と異なり，新しく得た性別によって異性と法的婚姻が可能である。

　しかし世界的に見て，いまだ性的指向と性自認の多様性に対する社会的な嫌悪は根強く，差別が後を絶たない。そのため，国連はそれらを人権侵害と位置付けて，決議を行うなどの取組みを進めている。人権としてのセクシュアル・ライツには，複数の定義がある（池谷 2015）。近年の動向によれば，セクシュアリティは人間が人間として尊厳を守られ，安全で充足した人生を送るためには，他の人権と不可分な権利として尊重される必要があるということ，ゆえに性的自律性を保つ権利があり，セクシュアリティを理由に差別を受けるべきではないということであろう（UN Human Rights Committee（国連人権理事会）2007; The International Service for Human Rights and ARC International, 2017。他に国際家族計画連盟や世界性科学会の定義がある。）。その一部として，同意に基づいた結婚もしくはパートナーシップを選択する権利が含まれる。子どもを持つことのみをセクシュアリティの目的にするのではなく，みずからのセクシュアリティを尊重されて生きることが大切なのである。なお，生殖にかかわる権利（リプロダクティヴ・ライツ：reproductive rights）がセクシュアル・ライツの一部として書き込まれる傾向にあるが，生殖補助技術の発達によって，生殖のありようはその

枠内に収まり切れなくなっている（第9章参照）。

　この国際的潮流は，19世紀後半から現代まで，多くの議論を重ね，反対を受けながらも発展を続けている。ここであらためて確認すべき点は，セクシュアル・ライツが，いわゆる性的マイノリティとして差別される人々だけでなく，異性愛の人々，性自認が身体的性別と一致している人々を含む，すべての人のための人権だということである。例えば，日本国憲法第24条は，婚姻を「両性の合意のみに基づく」と定めている。第24条が法解釈として同性婚を含みうるかどうかについては議論があるが，少なくとも男性と女性の婚姻については，日本国憲法は合意のない配偶関係を認めないという一点において，近年のセクシュアル・ライツと同じ要素をすでに含んでいるのである。しかし，それ以外の点で，日本はどのような状況にあるだろうか。家族はいま，どのような課題に直面しているのかが問題となる。

2. セクシュアリティと現代日本の家族

（1）日本の現状

　セクシュアリティは社会関係の一部を構成するので，セクシュアリティにかかわる社会規範が存在する。そして，規範に適合的ではない多様な在り方は，逸脱と見なされたり，存在しないと考えられたり，あるいは無視されがちである。

　例えば，セクシュアリティに関して，婚姻や育児・介護，労働と同じように政府による調査が存在するかどうかを考えてみるとよい。近年まで，公的な統計調査は，回答者の性別について「男」「女」の2種類しか尋ねていなかったため，性自認がこれらに該当しない人々の存在自体が分からなかった。性経験や「夫婦」（事実婚を含む）にかかわる調査では「出生動向基本調査」（独身者調査・夫婦調査）が代表的であるが，

当初の目的が人口政策のための「出産力」調査であり，異性愛を前提としている。

　また，ドメスティック・バイオレンスは同性カップルのあいだでも生じるが，内閣府の調査は「男女」を対象とし，かつ「配偶者」を女性は夫，男性は妻であると前提している（内閣府 2017）。そのため，異性愛ではないカップルにおける暴力は捉えることができていない。このように，日本では政府の統計調査がセクシュアリティの多様性を前提としていない。本章では，用いる調査データに偏りがあることを前提にしながら，以下の議論を進める。

　異性愛を前提とした政府調査によれば，未婚者で「異性との性交渉」がない割合の変化は，図8-1のとおりである。1980年代から90年代にかけて，すべての年齢グループで性経験「なし」の割合が減少していっ

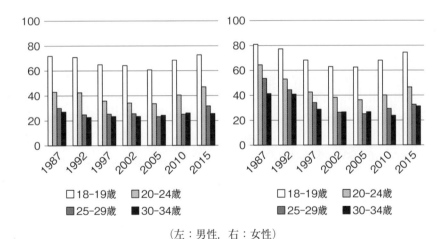

（左：男性，右：女性）

図8-1　未婚者のうち異性との「性経験」がない割合の変化

（出典：国立社会保障・人口問題研究所 2017 を基に筆者作成）

たが，2000年代以降は増加してきている。2015年では，18歳から19歳の未婚者のうち，男性は72.8%，女性は74.5%が経験を持っていない。30歳から34歳でも，男性の25.6%，女性の31.3%が未経験となっている。

　図8-2は，恋人としても友人としても異性の交際がない割合で，1987年から近年まで，一貫して増加している。性経験より以前に，そもそも異性の友人や恋人を持つ経験自体が減っているのである。

　しかし，両図の変化のしかたが違っていることから，図8-1の変化は異性交際の減少（図8-2）の直接の結果ではなく，何らかの他の要因が影響していると考えられる。山田昌弘（2017）は，日本では婚姻という関係がセクシュアリティに基づく親密な関係性というよりも，経済的意味を持っていると主張している。そして，セクシュアリティについては「親密性を買う」ことができ，「ロマンティックな気分」を「バーチャル

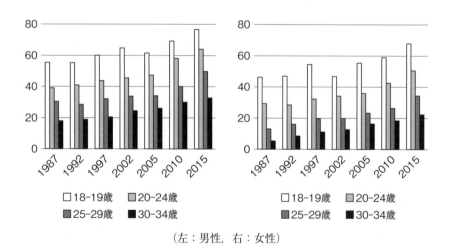

（左：男性，右：女性）

図8-2　未婚者のうち「交際している異性」（友人を含む）がいない割合の変化

（出典：国立社会保障・人口問題研究所 2017 を基に筆者作成）

な恋愛関係」で充足することもできる，だから結婚にそれらを求めることはなく，未婚化が進展しているという。この説と符合するように思われるのは，未婚の人々にとって「結婚のメリット」として「性的な充足が得られる」という選択肢は常に最下位だという調査結果である（国立社会保障・人口問題研究所 2017）。結婚生活において性関係の重要性が低いと考えているのか，配偶者を持たずとも性関係を充足できるから十分だと考えているのか，いずれにせよ，性の充足の位置付けは低い。

　他方，そもそも人々が性への関心自体を失いつつあるのだとするのは，日本家族計画協会による調査である（北村邦夫 2017。回答者に未婚者・既婚者の両方を含む。）。女性は性に「関心がない」「嫌悪している」との回答が合わせて3割以上と多く，男性も1割から2代が同様に回答している。女性の否定的な回答の多さと男女間の差異は，1999年に行われた他の調査結果でも指摘されており（NHK「日本人の性」プロジェクト編2002），セクシュアリティにかかるこれらの問題の根深さが推測される。

　日本家族計画協会の調査では，結婚している場合にも，「セックスレス」が進行していることを明らかにしている。この調査での「セックスレス」の定義は，「特殊な事情が認められないにもかかわらずカップルの合意した性交あるいはセクシュアル・コンタクト（ペッティング，オーラルセックス，裸での同衾など）が1か月以上なく，その後も長期にわたることが予想される場合」である。性的関係を性器の結合に限定せず，広く定義しているにもかかわらず，2010年代以降，その割合は4割を超えており，原因は「仕事で疲れている」「面倒くさい」「出産後何となく」が上位にある。ここには強くジェンダー化された性別分業の影響が感じられる。他方，海外の高齢者のセクシュアリティ研究からは，性的な関係がパートナーと協働でセクシュアリティを再発見し，うまく乗

り越えることを含む，幅広い性的親密性である可能性が示されている（Sandberg 2013）。異性愛の場合であっても，個々に多様なセクシュアリティがあることを前提とし，人間関係の一つとして考えることが必要である。

結婚生活を営む前の段階にある中学生と高校生については，1974 年から日本性教育協会による全国調査が行われている。針原（2017）は，「肯定的性イメージ」を持つ中高生が減少していること，性交経験のある女子で「経験してよかった」が減り，「経験しなければよかった」という回答が増えていると指摘している。また，片瀬（2018）は，性交渉を経験した女子ほど妊娠を懸念していること，性行為感染症を懸念する女子ほど性行動を抑制することを明らかにしている。性的な親密性は人々に幸福や喜びをもたらしうるが，否定的な意識や経験は，その実現を脅かす。また，避妊と性行為感染症については，権利の行使，すなわち自己管理や相手との交渉が困難だと推測される。しかし，ピルが主要な避妊方法の西洋諸国と異なり，コンドームが主要な避妊方法である日本でこそ，このような交渉力や女性の自己管理能力が必要である。人々がお互いのセクシュアリティを尊重しながら，安全で安心な関係を持つ力があってこそ，家族という持続的な関係も可能となるだろう。また，家族を持たない場合にも，セクシュアリティが尊重されねばならないことはいうまでもない。

（2）性的多様性と家族の在り方

異性愛ではないセクシュアリティは，上述したように公的な統計においては把握されていない。「性同一性障害者の性別の取扱いの特例に関する法律」によって知られることとなった「性同一性障害者」であるが，これに該当するのは性別違和を感じる人々の一部であることが指摘され

ている（大島・佐藤 2016）。

　性同一性障害だけでなく，広く性別違和，そして性的指向と性自認の多様性を捉える場合，民間では，20〜59歳を対象とした大規模調査として，当事者は7.6%（電通ダイバーシティ・ラボ 2015），あるいは8%（日本労働組合総連合会 2016）だとするなど，幾つかの調査が行われている。調査によってこの当事者に含まれるカテゴリーが異なるが，LGBT（lesbian, gay, bisexual, transgender）のほか，性的関心を持たないエイセクシュアル（asexual）や，性分化疾患が含まれる場合もある。

　これらの数値を前提にするとすれば，どの教育機関・職場・公共の場においても，多様なセクシュアリティの人々が存在すると推測されうる。これに対する人々の意識については，2015年にランダム・サンプリングによって全国調査を行った釜野他（2016）を参照する。性的多様性については，総じて年齢が上の世代のほうが抵抗感が強い傾向がある。同性愛については男性のほうが女性より嫌悪感が強い。また，男性同士の性関係や男女両方との性関係は，女性同士の性関係よりも嫌悪感が強く持たれている。性同一性障害により性別を移行することには，約4割の人が嫌悪感を持っている。

　特に重要な知見は，この嫌悪感が，人々との関係性によって異なるという点である。例えば「同性愛者」について，それが「近所の人」の場合に「嫌だ」と回答する者は10%台にとどまっているが，自分の「子ども」では45.6%に上る。女性のほうが許容的であるが，それでも「近所の人」10.1%が「子ども」41.1%へと変化し，男性の場合には16.2%から50.8%へと変化する。性別を移行する場合も類似しており，女性では「近所の人」8.6%から39.3%へ，男性では15.2%から48.9%へと増加する。嫌悪感は，「近所の人」＜「職場の同僚」＜「きょうだい」＜「子ども」の順に高くなっていることから，家族関係において性的多様性を

認めるのが最も困難であることが分かる。特に，実際に子どもを持つ人では，「嫌だ」が52.5%，「どちらかといえば嫌だ」を合わせると77.4%に上ると報告されている。性別を移行する場合についても，「嫌だ」50.7%，「どちらかといえば嫌だ」を合わせれば75.3%で同様の結果である。

　このような状況においては，家族こそがセクシュアリティの多様性にかかわる最大の障壁となり，悩みの原因となる。カミングアウトされる親たちと当事者である子どもたち，双方の経験を聞き取った三部（2014）は，つまるところ，「家族は互いを理解しなければならない」わけではないと述べる。そのとおり，家族に相互理解の重荷を強要する必要はない。ただ，家族関係を逃れて生きることができない子ども時代には，やはりその苦悩は重いものであろう。子どもにとって，家族は選択できる存在ではないからである。家族以外の関係性を切り拓きつつも，家族同士においてもセクシュアリティの重要性を認識することが望まれる。

　他方，自らの家族を選びとることができる人々にとっては，関係性の制度的な保障が望まれる。家族は，経済的な生活保障やケアの保障，安心と緊張緩和，次世代を育てること，セクシュアリティの充足など，人々にとって重要な多くの機能を果たしているので，家族を形成することは生活の質保障につながっている。具体的には配偶関係，養子縁組や生殖補助技術などによって，性的に多様な家族が形成されつつあるが（マルテル 2016），日本においてもセクシュアル・ライツと家族の機能を踏まえた制度構築が必要とされている。

《学習課題》
①　動物をキャラクターにしたアニメーション作品において，男女二元論的性別と異性愛の描かれかたを調べ，現実のその動物の生態と比較しよう。

② 世界の国々において，性的多様性はどのような形で認められている
か，あるいは禁止されているかを調べよう。

引用・参考文献

赤川学，1999，『セクシュアリティの歴史社会学』勁草書房

池谷壽夫，2015，「セクシュアル・ライツの系譜と課題」『教育学研究室紀要―〈教
　育とジェンダー〉研究―』12，42-69 頁

石井由香里，2018，『トランスジェンダーと現代社会―多様化する性とあいまいな
　自己像をもつ人たちの生活世界』明石書店

ウィークス，ジェフリー，2015，『われら勝ち得し世界』赤川学監訳，弘文堂

NHK「日本人の性」プロジェクト編，2002，『データブック NHK 日本人の性行動・
　性意識』日本放送出版協会

NPO 法人 EMA，http://emajapan.org/promssm/world（2018 年 11 月 5 日閲覧）

大島義孝・佐藤俊樹，2016，「性同一性障害／性別違和の存在率（prevalence）」『医
　学のあゆみ』254（4），274-79 頁

片瀬一男，2018，「21 世紀における親密性の変容―「リスク」としての性行動」林
　雄亮編『青少年の性行動はどう変わってきたか―全国調査にみる 40 年間』ミネ
　ルヴァ書房，173-98 頁

釜野さおり他，2016，『性的マイノリティについての意識― 2015 年全国意識調査報
　告書』科学研究費助成事業「日本におけるクィア・スタディーズの構築」研究グ
　ループ編．http://alpha.shudo-u.ac.jp/~kawaguch/chousa2015.pdf

川村邦光，2004，『性家族の誕生―セクシュアリティの近代』筑摩書房

北村邦夫，2017，『第 8 回男女の生活と意識に関する調査報告書 2016 ―日本人の性
　意識・性行動』一般社団法人日本家族計画協会

コラピント，ジョン，2005，『ブレンダと呼ばれた少年』村井智之訳，扶桑社

三部倫子，2014，『カムアウトする親子―同性愛と家族の社会学』御茶の水書房

シービンガー，ロンダ，1996，『女性を弄ぶ博物学―リンネはなぜ乳房にこだわっ
　たのか？』小川眞理子・財部香枝訳，工作舎

ジャコーバス，M. 他編，2003，『ボディー・ポリティクス―女と科学言説』田間泰子・

美馬達哉・山本祥子監訳，世界思想社

棚村正行・中川重徳編，2016，『同性パートナーシップ制度―世界の動向・日本の
　自治体における導入の実際と展望』日本加除出版

電通ダイバーシティ・ラボ，2015，『電通ダイバーシティ・ラボ 2015 年調査』
　http://www.dentsu.co.jp/（2018 年 11 月 28 日閲覧）

内閣府，2017，『男女間における暴力に関する調査（平成 29 年度調査）』
　http://www.gender.go.jp/（2018 年 11 月 28 日閲覧）

日本労働組合総連合会，2016，『LGBT に関する職場の意識調査』
　https://www.jtuc-rengo.or.jp/（2018 年 11 月 28 日閲覧）

ノッター，デビッド，2005，『純潔の近代』慶應義塾大学出版会

針原素子，2018，「性に対する否定的イメージの増加とその背景」林雄亮編『青少年
　の性行動はどう変わってきたか―全国調査にみる 40 年』ミネルヴァ書房，104-31 頁

フーコー，ミシェル，1986，『性の歴史Ⅰ　知への意志』渡辺守章訳，新潮社

ラカー，トマス，1998，『セックスの発明―性差の観念史と解剖学のアポリア』高
　井宏子・細谷等訳，工作舎

マルテル，フレデリック，2016，『現地レポート世界 LGBT 事情―変わりつつある
　人権と文化の地政学』林はる芽訳，岩波書店

三成三保，2015，「尊厳としてのセクシュアリティ」三成三保編『同性愛をめぐる
　歴史と法―尊厳としてのセクシュアリティ』明石書店，21-68 頁

山田昌弘，2017，「日本の結婚のゆくえ」比較家族史学会監修，平井晶子他編『家
　族研究の最前線②出会いと結婚』日本経済評論社，25-44 頁

Frühstück, Sabine, 2003, *Colonizing Sex: Sexology and social control in modern
　Japan.* University of California Press.

The International Service for Human Rights and ARC International, 2017, *The
　Yogyakarta Principles plus 10.* https://yogyakartaprinciples.org/

Sandberg, Linn, 2013, "'Just feeling a naked body close to you': Men, sexuality
　and intimacy in later life", *Sexualities* 16, pp.261-82

UN Human Rights Committee, 2007=2006, *The Yogyakarta Principles on the
　Application of International Human Rights Law in Relation to Sexual Orientation
　and Gender Identity.* http://www.yogyakartaprinciples.org/（2018 年 11 月 28 日
　閲覧）

9 | 生殖と家族

田間泰子

《目標＆ポイント》
① 現代では科学技術の発展と政策により，子どもを持つ／持たないにかかわる選択性が高まっていることを理解する。
② 子どもの誕生と育ちは未知の可能性を持っている。そのため，どのような社会を構想することが必要かを考える。
《キーワード》 嫡出子規範，出産，避妊，中絶，生殖補助技術，リプロダクティヴ・ライツ，子どもの権利

1. 家族と生殖

（1）子どもを産むことと家族

人はみな，かつては赤ちゃんだった。しかし，ほとんどの人にはその記憶がない。自分がいまの生活を営むことができるまでに，どれほどのケアを人々から受けてきたかを，人は覚えていないのである。

しかし，子どもがこの世界に生まれるとき，その子の命を育もうとする人々と子どもとのあいだに，必ず社会関係が築かれる。それは，放置すれば死ぬことの確実な命を生かそうとする実践であり，心身の持続的なケアを行う非常に親密な関係である。この関係が実の親ではない人によって築かれることもあるが，本書では，それをも含めて「家族」を形成するケア的関係の一つであると考える。

では，子どもはどこで誕生し，誰によって育てられるのか。現代日本では，約98％の子どもが医療施設で誕生し，医師によって出生証明を受

ける。そして，約98%の子どもが法的に婚姻している両親の子（「嫡出子」という）として育てられる。現代の子どもの誕生は，医療と家族によって担われている。

　新しい家族の誕生への医療のかかわりは，日本では主として第二次世界大戦後に生じたものである。医療施設が出産場所になり，医師の立会いが多数派となるのは，1950年代から1960年代前半に急速に生じた現象で，1950年の医療施設での出産は4.6%だったが，1965年には84.0%に達した（厚生省児童局編1966）。

　それまでは現代と異なって，人々が生まれる場所は家庭であり，家族はその誕生を間近で迎える人々であった（「産小屋」と呼ばれる場所で女性たちが出産した地域もある（伏見2016）。そのような時代には，妊婦は出産の直前まで家族とともに農作業などの労働に携わり，自宅で出産し，産後は1週間から3週間ほど休んで再び労働に戻ることが典型であった（湯沢他監修1991）。生殖と子どもの誕生は，家庭の中で，日々の家族生活の一部として起こる出来事だった。

　出産の手助けは，家族・親族や近隣の女性が行ってきたが，近代になり医療専門職が養成されてからは産婆（助産婦）が助産するようになっていった（吉村1985）。戦後に病院・診療所での出産が一般的になると，出産に家族が付き添うことが衛生上の理由から拒否され，妊婦1人で分娩室に入り出産するのが当たり前になった。その時期は1960年代の高度経済成長期である。男性稼ぎ主モデルが普及して，妻が出産するときも新生児を自宅に連れ帰るときにも，夫は仕事を休まず企業戦士として働き続けている，という生活スタイルが広まった（藤田1988）。夫婦の性別分業は，有償労働と無償労働（家事・育児）だけでなく，出産という家族の重大な出来事にも及んだのである。

　現代では，家族が出産の場に立ち会うことが再び増えている。2011年

の全国調査（4,020 人）において 53% である（島田 2013）。奈良県での調査でも 2000 年代以降の出産では夫立会いが 57% と同様の結果が出ており，1999 年までの出産経験者における比率 27% から大きく増加した（対象 1,200 人。田間 2016）。しかし，男性の育児休業取得率の低さや，日常での育児時間の少なさから，現代家族がまだ戦後の性別分業体制から脱出できていないことがうかがわれる。

（2）母子の死亡と家族

　第 2 章で述べたように，前近代社会では死亡率が高かった。とりわけ子どもの死亡率が高かったが，出産前後の母親の死も現代よりはるかに多かった（図 2-2，図 9-1）。第二次世界大戦前はさらに高く，最も古い政府統計では 1899 年に 10 万の出産に対して 409.8 の死亡率であった（国立社会保障・人口問題研究所編 2018）。

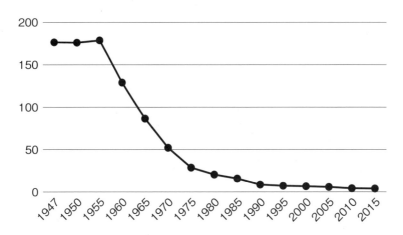

図 9-1　妊産婦死亡率の推移　　＊出生 10 万対

（出典：国立社会保障・人口問題研究所編 2018 を基に筆者作成）

　妊産婦死亡だけでなく，人々は結核やその他の病気で死ぬことも多かったので，ほとんどの子どもと実母がお互いの死を経験せず，子どもの成人後まで関係を続けることができるようになったのは，日本では戦後のことである。特に1980年代から現代までは，世界的に見て非常に高い水準で，母子が生存できるようになっている。それが当たり前の現代だからこそ，子どもを持つことが選択肢となりうる。

　また，現代では，子どもの小さいときには実母が専業で育児すべきだという考え（いわゆる「三歳児神話」）が根付いている。それも，同様に母子共に生存できるようになったからこそ主張でき，実現も可能なのである。

2. 生殖と法的婚姻

（1）「子どもは2人まで」

　第二次世界大戦後，植民地からの引き揚げと戦後の結婚・出産ラッシュによって，日本は急激に人口が増加した。いわゆる「団塊の世代」の誕生である。しかし，日本は戦争のために疲弊して経済力がなく，植民地も失ったために国土も小さくなった。当時の人口7,000万人強と，毎年200万人以上増えていく子どもたちを支える国力がなかったのである。

　そこで必要とされたのが，「過剰人口」対策であった。現代の少子化対策と正反対の人口政策である。政府は1948年に優生保護法を制定・施行し，翌49年には「経済的理由」による中絶を合法化し，1950年代には中絶をより簡単に行えるよう法改正した。また，母体保護のための受胎調節の普及，特に貧困層への特別普及事業などを行い，子ども数を2〜3人に抑制するよう国民を教導した。

　戦後まもなくの政府調査によれば，既婚夫婦の避妊経験率は，最少は「夫が尋常小学校卒の漁業従事者（漁村居住）」で4.9％，最多は「夫が

専門学校卒以上の町居住者」で 60.5％となっており，大きな社会的格差
があった。また，第二次世界大戦中の人口増加政策の影響によって，堕
胎罪の取り締まりが厳しくなり，避妊は厚生省によって「危険思想」と
位置付けられ弾圧されていたためもあって，「子ども数について考えたこ
とがない」という既婚者が 4 割近くいた（厚生省人口問題研究所 1950）。
「子どもは 2 人」という子ども数の理想は，戦後の過剰人口対策の中で，
当時の欧米の核家族をモデルにして，「家族計画」として普及せられた
ものである（田間 2006）。その結果，多くの人々は子ども数を 2 〜 3 人
が理想と考えるようになった。

　図 9-2 が示すように，優生保護法の施行後，急速に合計特殊出生率は
2.0 近くまで下がり，1950 年代後半にはいわゆる「少産少死」の状態に
達して 1970 年代中盤まで安定した（合計特殊出生率とは，女性が一生
に出産する子ども数の推計値である）。ただ，それを水面下で支える中
絶と避妊行動は，同時期に変化し続け，安定したのは 1960 年代末から
である。そして，そのあとすぐに出生率の緩やかな低下が始まって，日
本は「第二の近代」に入った。西北ヨーロッパの国々では徐々に避妊が

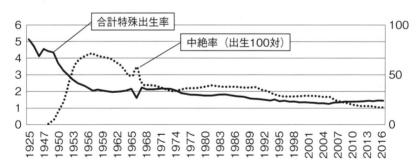

図 9-2　合計特殊出生率（左 Y 軸）と中絶率（右 Y 軸。出生 100 対）の推移

（出典：国立社会保障・人口問題研究所編 2018 を基に筆者作成）

普及し，少産少死で人口学的に安定した期間が数十年以上と長いことを考えれば，日本は「圧縮された近代」を経験したといってよい。

　過剰人口対策としての家族計画運動は，人々の考え方を，子どもは計画するもの，つくるものであるというように変容させた。過剰人口対策は，同時に経済的理由（貧困）による中絶を合法化し，受胎調節の知識を普及させ，避妊のためのコンドームや避妊薬を認可して普及させるものであったから，人々の選択はそのまま実現できるものになったのである。子どもは天からの授かりものではなく，個人の意思によって選択し決定した結果になった。

（2）国家による承認の力

　「子どもは2人」という理想は，現代もほぼ維持されている（2015年の時点で理想数の平均2.32人。国立社会保障・人口問題研究所編 2017）。そして，子どもたちの大半は法的に婚姻した夫婦のもとで「嫡出子」として誕生している。したがって，現代日本において，法的婚姻内で少数の実子を産み育てることが望ましいという，生殖と家族の在り方に関する強い規範意識が存在しているといえる。

　これを「嫡出子規範」と呼ぼう。それを端的に示しているのが，妊娠してから結婚する妊娠先行型結婚，いわゆる「できちゃった婚」「おめでた婚」「授かり婚」といわれる行動である。1975年には，第一子の多くが婚姻届のあと約10カ月で誕生していた。当時「ハネムーン・ベビー」といわれた現象である。しかし，この現象は1980年代後半には崩れ，現代では妊娠先行型結婚が主になっている（厚生労働省 2010）。

　なぜ，法的婚姻という関係の中で子どもを産むべきなのか。一つの解釈は，婚姻届が性関係の社会的承認の強い力を持っているから，というものである。婚姻届は，近代化の結果として，教会など宗教的組織や地

域共同体による承認の力が衰退し，それに置き換わって国家が創設した社会的承認の制度である。現代日本では，人々は婚姻前に性関係を持つことが多く，そのこと自体に強い社会的承認を求めることはないが，その結果として子どもという存在が生まれて性関係が公然明白になるとき，強い社会的承認を求めるのではないか，と考えることができる。

　この状況は，欧米の国々と大きく異なる。欧米諸国も日本も1970年代以降に法的婚姻によらない子どもの出産割合が増加したが，その割合は欧米諸国が右縦軸，日本が左縦軸の数値であって，日本では1桁少ない（図9-3）。欧米諸国では，「第二の近代」に入り，性関係は国家の承認を求めるものではなく，あくまでプライバシーであると位置付けられたということができる。そして，生まれてくる子どもは，親のプライバシー（性関係）の結果としての責任を背負わされる存在ではなく，人と

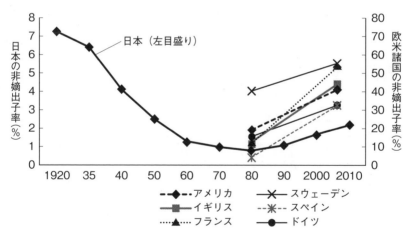

図9-3　両親が法的婚姻関係にない子どもの出生割合の推移

＊日本：左Y軸，欧米諸国：右Y軸

（出典：田間 2015：143）

して子どもとして平等な権利を持つので，国はそれを保障しなければならないと考えられている。

3. 切り離された性と生殖

（1）嫡出子規範のゆくえ

　現代日本においては，嫡出子規範が強いため，性関係が必ずしも子どもをもたらさないよう人々によって選択が行われている。これを可能にしているのは避妊と中絶である。避妊と中絶は，既に述べたように戦後の過剰人口対策の中で普及したものであるから，当時の人口政策が結局，性と生殖を切り離してしまったといえる（図9-4）。

　第二次世界大戦後，婚姻前の性経験には大きな男女差があった。しかし，1970年代から80年代にかけて差異がなくなった（第8章参照）。それにともなって増加したのが，10代女性の中絶であった。中絶の普及は，戦後日本では過剰人口対策として広まったため，まず中絶に向かったの

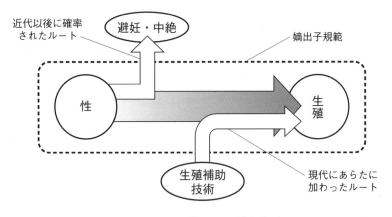

図9-4　切り離される性と生殖

（出典：筆者作成）

は既に数人の子どもを持つ既婚女性たちである。その後，結婚当初から数年ごとに間隔をあけて出産する「家族計画」の考え方が普及し，やはり既婚女性が避妊の代わりに中絶することが主となっていた。20 歳未満の女性の割合は 1960 年には 1.4％ で，1990 年には 7.1％ となった。政府は「望まない妊娠」を防ぐ政策をとり，現代は 10 代の女性の中絶が減少し，同時に若者の性行動自体が抑制される傾向にある。

　現代では，婚姻前の性関係に関して社会規範が緩やかになる一方，その結果として子どもができた場合に法的婚姻という承認を必要とするという社会規範が強く存在する。すなわち，原因となる行為に関する規範の緩さと，結果を社会的に承認されねばならないという規範の強さが，個人の選択に依存するものとして併存しているのである。

　そこで，女性たちの選択は大きくは 2 つ存在する。妊娠を継続して結婚するか，中絶して独身を続けるか，いずれにしても生殖と家族の在り方にかかわる強い社会規範に同調するものである。10 代の女性の場合，約 5 割が結婚を選び，約 4 割が中絶を選ぶ（Hortog; Iwasawa 2011）。

　ほとんど選ばれない選択肢は，未婚のまま母親になることである。図 9-5 に，母親の年齢別に出生した子どもの嫡出関係を示した。婚姻可能年齢に達すると比率は急激に下がっていることから，子どもを法的な婚姻関係の中で出産すべきだという規範意識の強さがうかがわれる。政府は，2018 年 6 月に民法を改正し，2022 年 4 月 1 日から，婚姻可能年齢を男女ともに 18 歳にすることとした（現行は男性 18 歳，女性 16 歳）。これにより，女性の婚姻可能年齢が 2 年遅れることになるが，もし人々の性行動が現在のままであれば 17 歳・18 歳での非嫡出子の出生が増加するだろう。この制度的変化をきっかけにして，日本も欧米諸国のように非嫡出子の存在が増加していくのか，あるいは 18 歳まで性行動を抑制したり，避妊や中絶したりして，嫡出子規範を維持するのか，人々は

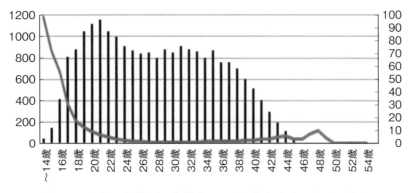

図 9-5　母親の年齢別　非嫡出子の出生数と出生に占める比率

＊出生数：棒グラフ，左 Y 軸。比率：折れ線グラフ，右 Y 軸。

（出典：厚生労働省 2017 から筆者作成）

どちらの変化を選ぶのだろうか。

　さらに，嫡出子規範の変化をもたらすかもしれない状況を，現代日本は抱えている。それは未婚化と晩婚化である。第 7 章で述べたように日本では前代未聞の未婚化が進行中である。しかし，性規範は緩んで法的婚姻前に性関係を持っても構わないと考えられているので，多くの人々が未婚である年数が長くなればなるほど，その期間に多くの人が性関係を持つ可能性が高くなり，その結果，法的婚姻外で子どもを妊娠する可能性が高まる。婚姻可能年齢にある女性たちが，性行動を抑制することには限界があるだろう。そのとき，中絶するか，妊娠先行型結婚を選択するか，未婚のままで非嫡出子を産むのか。これは女性自身の人生にとって重要な決断であり，また日本社会の未来を左右する選択でもある。

（2）生殖補助技術

　中絶と避妊が子どもを産まないための技術として戦後に普及するにと

もない，急激に減少したのが養子縁組である。前近代には非常に頻繁に見られた家族形成の方法であり，1949年には家庭裁判所が認可した未成年の養子縁組は年間4万人を超えていたが，1970年には1万人を下回った。現在は1,000人余りとなっている（最高裁判所編各年）。

　これと対照的に，人々に子どもをもたらす技術として現代に急速に普及しているのが生殖補助技術である。1978年に英国で体外受精による赤ちゃんが誕生し，「試験管ベビー」と呼ばれて世界中のニュースになった。日本でも，1983年に初めて体外受精児が誕生しており，2015年には体外受精・胚移植を実施した574の医療施設で，その1年間に体外受精・胚移植によって51,001人が生まれた（齊藤他 2017）。これは，同年の出生数の約5％を占める。

　生殖補助技術の利用がこの数十年間に急速に普及した原因の一つは，政府の少子化対策である。2003年，少子化社会対策基本法の基本施策の一つとして不妊治療が定められた。また，全都道府県に不妊相談機関が設置されて情報提供や相談業務が整備されるとともに，翌2004年から特定不妊治療費助成事業が開始された（厚生労働省 2015）。2015年の調査では夫婦の35.0％は不妊を心配したことがあり，18.2％は不妊治療を受けた（国立社会保障・人口問題研究所編 2017）。不妊の心配は，晩婚化の結果として妊娠・出産が高年齢化することで，高まっている。

　体外受精という生殖補助技術は，それまでの技術（主として人工授精）とは根本的に異なる画期的な技術である。なぜなら，本来であれば女性の体内にのみ存在するはずの卵子を体外に取り出して第三者が操作し，また女性の体内でのみ起こるはずの受精と着床をも第三者の手で行うからである。つまり，生殖補助技術は，もちろん女性の心身と，また男性にも負担をかけて，子どもをつくることを人為的に操作し実現するものである。そのため，これにはさまざまな可能性と危険を伴う。

第一に，さまざまな医学的原因によって子どもを持ちにくい人々に，子どもをもたらすことができる。同性愛のカップルや性同一性障害など，性的指向やジェンダー・アイデンティティにかかわって子どもを持てない人々にも，子どもを産み育てる可能性をもたらすことができる。

第二に，従来は自然に委ねてきた「選択」を人為的に行うことになる。そもそも，自然の妊娠・出産の場合，どのような子どもが生まれてくるのかは分からない。子どもは親を選べないが，親も子どもを選べない。しかし，体外受精の場合には，精子の選択，卵子の選択，受精卵の選択，子宮を借りる場合は代理出産する女性の選択が必要となる。性関係の相手を選ぶだけではない，このような幾重もの選択を行っているので，子どもを持つことのリスクとしての性質が強くなる。

第三に，その過程で精子・卵子・受精卵はヒトの体外で操作されるので，保管や操作における事故やミスが起こりうる。間違って廃棄されてしまったり，間違って利用されたり，あるいは地震のような災害時に破壊されてしまう，といったことが起こりうる。

第四に，離別や死別のあとでも，保管されている精子・卵子・受精卵を用いて子どもをつくることができる。それらがヒトの体外で保存されているので，利用可能なのである。

2018 年現在，日本ではクローンの禁止（ヒトに関するクローン技術等の規制に関する法律）以外，生殖補助技術の利用に関する法律は存在しない。また，日本産科婦人科学会は，「代理懐胎」（妻ではない女性の卵子と子宮を用いる場合と，妻ではない女性の子宮のみを用いる場合がある）を認めないという見解を出している。

そのため，近年では，死別した夫の凍結精子を用いて出産したケース，性同一性障害で性変更した夫（元女性）の妻が非配偶者の精子で人工授精したケース，離別後に元夫の凍結精子を用いて出産したケース，夫が

海外で精子を用いて商業的に子どもを産ませ，夫婦の子として届け出ようとしたケースなど，実にさまざまなケースが発生しており（石原2016），親子関係の認知／非認知をめぐって裁判が起こされている。判決は，これまでのところ，子宮で胎児を養育し出産した女性を母とし，男性が生きている場合の精子の利用は，同意の有無にかかわらずこれを父としている。しかし，これらの判決を不服として控訴も行われている。また，国外に出て「代理懐胎」のために生殖補助技術を利用する人々が多いといわれているが，その統計は存在せず，実態は分からない。

　世界の国々の状況を見ると，商業的利用が可能な国と不可能な国があるが，多くの国では商業的利用を認めていない。法律を定めている国では，その内容はかなり多様である。2017年の時点で，例えば利用者には，異性愛の法的婚姻をした夫婦（韓国），異性愛の事実婚を含む夫婦（イタリア，ドイツ），異性愛か同性愛の夫婦（スウェーデン），独身女性（フィンランド，スペイン）などの多様性がある。利用可能な技術として認められるものも多様である。国の人口政策として積極的に生殖補助技術を認めている国として，日本やイスラエルがある。医療ツーリズムの一種として，商業的利用が可能な国々も存在する（2018年の時点で米国，インド，ブラジルなど）。今や，生殖補助技術はグローバルに多様なかたちで，人々の選択としての家族形成を補助している（日比野編2013）。

4. リプロダクティヴ・ライツと子どもの権利

　本章では，急速に進展し普及する科学技術のもと，子どもを持つ／もたないにかかわる選択性が高まっている状況を見てきた。妊婦は，まず健診において超音波診断や羊水検査を行う／行わない，またその結果をどう受け止めるか，という問題として選択に直面することになる。それらの技術の導入は，1960年代末からの障がい児の早期発見という母子保

健政策に後押しされていた（鈴江 2011）。近年，より簡便な出生前診断・着床前診断の技術が普及しつつあるが，そのきっかけは生殖補助技術と同じく少子化対策である（利光 2012）。

　すなわち，現代日本では少子化対策に関する法律以外の法律がないまま，科学技術が進展し，人々，特に女性たちが多くの選択に直面し決定せざるを得なくなっている。法律の歯止めなく進行していく個人化に対して，しかし，人の生が予測し得ない可能性をはらんでいることを踏まえ，人と家族を支えていく社会を構想する必要がある。その手掛かりとして，本章の最後に2つの人権，リプロダクティヴ・ライツと子どもの権利について述べる。

　リプロダクティヴ・ライツは，1994年の国際人口・開発会議，および1995年の第4回世界女性会議において国際的に承認された権利で，人は生殖にかかわり健康でいる権利，そして，いつ何人子どもを持つかについて自己決定権を持つというものである（国際人口・開発会議 1996）。日本政府も公式文書に署名したので，権利の実現のための情報と安全・安価・簡便な手段の提供を行う責務がある（前提として，第8章で述べた性の権利が必須である）。

　リプロダクティヴ・ライツは個人の権利であるが，その結果として子どもが生まれることが含まれるため，子どもの権利も同時に尊重する必要がある。子どもの権利については1989年に国連で採択された条約があり，日本政府は1994年に批准した。本章にかかわっては，特に生まれた子どもの生存権と子どもの出自を知る権利が保障されねばならない。近年普及している生殖補助技術より以前，戦後日本では1949年から行われてきた人工授精によって，実父を知ることのできない子どもが1万人以上生まれたといわれている（非配偶者間人工授精で生まれた人の自助グループ，長沖編 2014）。

　現代日本において，科学技術や政策が私たちにさまざまな選択肢を用意している。しかし，子どもを持つ／持たないということは人の命にかかわる問題であるため，家族形成が人権を踏みにじることにならないよう，社会の仕組みをつくっていく必要がある。

《学習課題》
①　なぜ日本の人々は法的婚姻という関係の中で，子どもを持ちたいのか。テキストの説のほかにどのような説明が考えられるか，考えよう。
②　リプロダクティヴ・ライツと子どもの権利がどのように保障されることが望ましいか，具体的に考えよう。

引用・参考文献

藤田真一，1988，『お産革命』朝日新聞社
伏見裕子，2016，『近代日本における出産と産屋—香川県伊吹島の出部屋の存続と閉鎖』勁草書房
非配偶者間人工授精で生まれた人の自助グループ，長沖暁子編，2014，『AID で生まれるということ—精子提供で生まれた子どもたちの声』萬書房
日比野由利編，2013，『グローバル化時代における生殖技術と家族形成』日本評論社
Hortog, Ekaterina; Iwasawa, Miho. 2011, 'Marriage, Abortion, or Unwed Motherhood?: How Women Evaluate Alternative Solutions to Premarital Pregnancies in Japan and United States', *Journal of Family Issues*. DOI: 10.1177/0192513X114093 33
石原理，2016，『生殖医療の衝撃』講談社
国立社会保障・人口問題研究所編，2017，『現代日本の結婚と出産—第15回出生動向基本調査（独身者調査ならびに夫婦調査)』国立社会保障・人口問題研究所
国立社会保障・人口問題研究所編，2018，『2018　人口の動向　日本と世界—人口統計資料集—』一般財団法人厚生労働統計協会
国際人口・開発会議，1996，『国際人口・開発会議「行動計画」』外務省監訳，世界

の動き社

厚生省児童局編，1966,『母子衛生の主なる統計』母子衛生会

厚生省人口問題研究所，1950,『県別及び都市町村別産児調節実態調査集計結果表—昭和 2425 年度全国 17 県に於る調査—』（人口問題研究所研究資料第 76 号）

厚生労働省，各年『優生保護統計報告』／『母体保護統計報告』

厚生労働省，2010,『平成 22 年度　出生に関する統計』https://www.mhlw.go.jp/（2018 年 8 月 4 日閲覧）

厚生労働省，2017,『2016 年　人口動態調査（確定）』https://www.e-stat.go.jp/（2018 年 8 月 9 日閲覧）

最高裁判所編，各年『司法統計年報（家事編)』

齊藤英和他，2017,「平成 28 年度倫理委員会　登録・調査小委員会報告」『日本産科婦人科学会雑誌』69（9)，1841-1915 頁

島田三恵子，2013,「母親が望む安全で満足な妊娠出産に関する全国調査—科学的根拠に基づく快適で安全な妊娠出産のためのガイドライン改訂—」https://minds4.jcqhc.or.jp/（2018 年 8 月 10 日閲覧）

鈴井江三子，2011,『超音波診断と妊婦—出産の医学的管理が身体感覚・胎児への愛着におよぼす影響』明石書店

田間泰子，2006,『「近代家族」とボディ・ポリティクス』世界思想社

田間泰子，2016,「奈良の出産事情」白井千晶編『産み育てと助産の歴史』医学書院，289-93 頁

利光惠子，2011,『受精卵診断と出生前診断—その導入をめぐる争いの現代史』生活書院

吉村典子，1985,『お産と出会う』勁草書房

湯沢雍彦他監修，1991『戦後婦人労働・生活調査資料集』クレス出版

10 子どもと家族

筒井淳也

《目標＆ポイント》
① 親子関係や子育ての在り方の時代変化を理解する。
② 少子化の動向とその背景を理解する。
③ 子育ての社会化とその意味について理解する。
《キーワード》 子ども中心主義，近代家族，家族経験，少子化，人口転換，子育ての社会化

1. 近代家族と子ども中心主義

（1）前近代社会における親子関係

　第7章では，前近代社会における夫婦がそれぞれ家族外の（同性・同年齢）集団と結びついており，夫婦間の情緒的な関係は現在ほど緊密ではなかったということを述べた。家族メンバーのあいだには強い情緒的つながりがなかったということについては，親と子の関係についても同様のことが指摘されている。すなわち，かつては子どもは家族内において現在ほど愛着の対象となることもなかったし，また道徳的存在として大事に育てられるべきだ，という規範も弱かった，というのである（Ariès, 1960=1980）。落合恵美子は，近代になって子どもが強い情緒的愛着の対象となり，またその成長が家族の強い関心事になったということを近代家族の一つの特徴として位置付け，「子ども中心主義」と呼んでいる（落合 1989）。

　近代家族における子ども中心主義への移行の背景には何があったのだろうか。前近代社会における子供との情緒的つながりの薄さについては，要因としては衛生・栄養状態の悪さからくる乳幼児死亡率の高さがあった。第2章では新生児（生後4週未満）死亡率の低下について触れたが，日本の乳児（生後1年未満）死亡率の数値を見ても，1899年には（人口千人あたり）153.8であったのが，2011年には2.3にまで激減している。それほど，かつては子どもがある程度成長するということは「当然」のことではなかったのだ。そのため，一人ひとりの子どもに特別の感情を持つことが避けられた。新しく生まれた子に，死んだ子の名前を付ける，といったこともあった。乳幼児死亡率が低下するにつれて，親は子どもの成長を長期的視野で見守ることができるようになった。

　近代化にともなう義務教育の普及の影響もある（岩上 2014: p. 136）。義務教育の普及は，子どもを労働の世界から切り離し，それが「子ども期」の確立に結び付いた。逆にいえば，前近代社会では，子どもは早くから労働の世界に浸かっていたのだ。奉公制度が広く普及し，ある程度の年になると他の家に子どもを預けたり，里子に出すといった習慣も珍しくなかった（Flandrin 1984=1993）。

　多くの前近代社会の上流階級においては，自分の子どもを母が自分で育てることは珍しく，通常は乳母に委ねるものであった。しかし近代化が進むと，子どもは母が愛情と責任をともなって丁寧に育てるという価値観が根付き，また死亡率の低下もあって，子どもの価値が「量から質」に転換した，といわれている。いわゆる母性愛も，例えばフランスでは18世紀後半から普及したものである。母性愛は，実母による子育てが一般化する上での核となるイデオロギーになった（Badinter 1980=1998）。

　ただ，母子関係については社会的な多様性もある。例えば中国の母子関係においては，日本においてしばしば「三歳児神話」と呼ばれている

ような考え方は存在せず，「小さい時は誰が育ててもかまわないが，子どもが小学生になったら親自らが子どもを教育すべきである」（宮坂・金 2012, p. 66）という規範が広く見られるという。また，欧米の経済先進国では，共働き夫婦がナニー（乳母）やベビーシッターなどのドメスティック・ワーカー（説明は後述）を雇用して保育を任せてしまうことがよくある。

　このように，子どもが小さいときにどういった人が子育てにかかわっているのか，あるいはその理想的な在り方は何かということについては，近代社会においても一定の地域ごとの多様性はある。ただ，乳児死亡率が高かった前近代社会と比べると，親子関係の情緒的なつながりはやはり強くなった，と見るべきであろう。

（2）人口学的変化と親子関係

　家族の中での子どもの位置付けは，既に見てきたように，乳幼児死亡率が高く，また里子・乳母・奉公などの制度が一般的であった前近代的環境においては，近代社会と異なった様相を呈していた。これらは数百年の長期にわたる家族規範の変化であるが，他方で子どもと他の家族・親族との関係は，数十年単位においても顕著に変化しうるものである。

　表 10-1 は，出生コーホート別のきょうだい数（自分含む）の分布を示したものである。この表から，例えば 1920 年代に子育てをしていた親のほとんどは，4 人以上の子どもを育てていたことが分かる。

　次に，表 10-2 は，女性の出生コーホート別に見た第一子から末子まで（ただし調査の都合上，最大で第五子まで）の出産間隔の分布である。1970 年代生まれの女性の 9 割は産み終えるまでに 4 年しかかかっていないが，1920 年代生まれでは 4 年以内のケースは半分以下であり，10 年以上かかった人も 13% 程度いることが分かる。末子までの出産間隔

表 10-1 出生コーホート別きょうだい数（自分含む）の分布

	1人	2人	3人	4人以上	計
1920 年代生まれ	5.5	5.2	8.8	80.5	100.0
1930 年代生まれ	3.5	4.5	10.7	81.3	100.0
1940 年代生まれ	4.3	10.4	19.0	66.3	100.0
1950 年代生まれ	5.3	26.5	31.6	36.6	100.0
1960 年代生まれ	7.6	48.2	30.1	14.0	100.0
1970 年代生まれ	7.7	54.0	26.8	11.5	100.0

（出典：第 1 回全国家族調査（NFRJ08）のデータを基に筆者作成）

表 10-2 出生コーホート別，女性の第一子から第五子までの出産間隔

	0-4 年	5-9 年	10-14 年	15-20 年	20-24 年	計
1920 年代生まれ	48.0	38.9	11.5	1.4	0.2	100.0
1930 年代生まれ	62.7	33.5	2.9	0.8	0.2	100.0
1940 年代生まれ	66.3	29.9	3.6	0.3	0.0	100.0
1950 年代生まれ	67.4	28.1	4.1	0.4	0.0	100.0
1960 年代生まれ	73.9	22.9	2.5	0.7	0.0	100.0
1970 年代生まれ	90.3	8.1	1.6	0.0	0.0	100.0
計	65.2	29.8	4.4	0.6	0.1	100.0

女性について，子ども（死亡を含む）の情報を集計した。子どもの出生年が分かるのは第 5 子までであるので，正確には末子までの出産間隔ではないが，6 人以上子どもを持つ女性の割合は対象者中 0.44% であった。

（出典：第 1 回全国家族調査（NFRJ08）のデータを基に筆者作成）

が短くなったのは，もちろん子どもの数が少なくなったということが最大の理由だが，それ加えて個々のきょうだい間の出産間隔も短くなった，ということもある。子育て期間は全体的に圧縮されてきたのである。もちろん，調査時点（1999 年）まで生存して調査対象になっている

女性についてのデータであるので，偏りには配慮が必要だが，50 年程度で子育て期間が顕著に短期化していることには間違いがないだろう。

　総じて，以前はきょうだいの年の差は現在よりも大きかった。また平均余命も現在よりずっと短かったため（1950 年代において女性の 20 歳時点の平均余命は 48.7 年である），多くの女性にとって子育ては成人以降の人生のかなり長い期間を占めていた。例えば，25 歳で第一子を生み，35 歳で末子を産み終え，60 歳で亡くなる場合，末子が 20 歳になってからの余命は 5 年である。

　現在では少子化が進み，また出産間隔も短くなり，かつ平均余命が長くなったため，女性にとって子育てを終えたあとの人生は格段に長いものになったのだ。

　家族との関係をどのように経験するのかを「家族経験」と呼んでおくと，家族経験は平均余命の長期化や出生力といった人口学的な変化によって大きく影響される。そして，平均余命や出生力は，少なくとも日本においてはここ数十年でかなり変化した。したがって女性にとっての子育て経験も，17 〜 18 世紀にさかのぼらなくとも，一世代，二世代前と比べても全く異なったものになったのである。

　そしてそれは当然，女性のライフスタイルや働き方との影響関係にあった。女性が家庭外で有償労働をする場合，出産間隔は短いほうが都合が良い。逆に，1950 年代までのように農業や自営業が多数であった場合には，出産間隔の長さはそれほど問題にならない。また，女性が自分の生き方や子育てから離れたアイデンティティを重視しようとするなら，やはり子育て後の人生の長さは重要になるであろう。

2. 少子化の動向と背景

（1） 2つの少子化

　日本は，第二次世界大戦終戦後，2つの出生力の低下を経験している（図 10-1）。一つは 1950 年代前半における急激な出生率の低下で，もう一つは 1970 年代後半からのコンスタントな出生率低下である。1つ目の低下は，第9章でも触れられているように，人工妊娠中絶の合法化によるところが大きい。報告された統計（厚生労働省衛生行政報告例）を見ると，1950 年代と 1960 年代において，人工妊娠中絶により失われた出生数は実に 1,800 万を超える。

　さらに図 10-1 を見ると，1950 年代における出生率の低下は，婚姻率の上昇を伴っていることが分かる。このことから，1950 後半から 70 年代前半までの約 20 年間は，ほとんどの人が結婚する「皆婚社会」（第 1

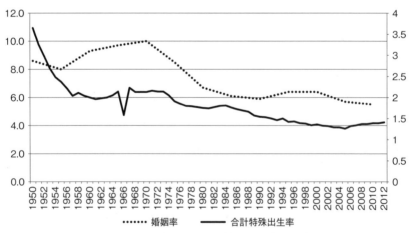

.... 婚姻率　　　——— 合計特殊出生率

図 10-1　婚姻率と合計特殊出生率の推移

（出典：人口動態統計を基に筆者作成）

章参照）であるのと同時に，多くの家庭において2～3人の子どもがいるという状況であった（第3章も参照）。

　ただ，家族形成に関するこの「均等体制」は，1970年代後半に終わりを告げる。そこから婚姻率は下がり始め，同時に出生率も低下し始める。つまり，上記の2つの出生率の低下は全く意味が異なるものであった。1970年代以降の2番目の出生率低下は，未婚化・晩婚化によって生じたものであり，「誰もが結婚して2～3人の子どもを持つ」という体制から，「結婚して2人程度の子どもを持つ人」と「結婚せず子どもも持たない人」とのあいだの「二極化体制」に移行したのである。

（2）現代的少子化の背景

　人口学の分野においては，「人口転換」という理論がある。これは，近代化にともなって社会の人口が多産多死の状態から少産少死の状態に転換し，最終的に出生率が人口置換水準に落ち着く，という理論である。人口置換水準とは，一つの社会の人口を自然増減で維持できる出生率であり，日本では現在2.07程度であると推計されている。

　人口転換は，衛生・栄養状態や全体的な生活水準の向上によってもたらされると考えられている。乳幼児死亡率の低下はおとなになるまで成長する子ども数の見込みを増やすため，出生数を抑制する。生活水準の向上は，出産間隔の短期化や子育てコストの上昇を伴うため，これも出生数を抑制するように作用する。

　多くの経済先進国はこの人口転換を経験しているが，現在いくつかの国を悩ましている少子化は，人口置換水準をかなり下回るものであり，旧来の人口転換理論だけでは説明できないものである。図10-3は，主要国における出生率の推移であるが，出生率をある程度維持あるいは回復させた国（図中ではアメリカ，フランス，スウェーデン）もあれば，ず

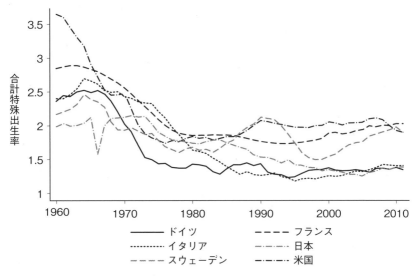

図 10-2　各国の合計特殊出生率の推移

（出典：Comparative Welfare Dataset のデータを基に筆者作成）

っと低い水準にある国（ドイツ，イタリア，日本）もある。

　人口置換水準を大幅に下回る低い出生率に悩まされている国に共通する要因については，共有された知見は少ないが，性別分業体制からの脱却が低調であったことが大きいという見方がある。女性の労働力参加が進む中で，雇用の柔軟性や両立支援制度の充実がある国では，出生力の低下に歯止めがかかるが，そういった要素に欠けていると，女性にとって仕事と家庭生活が二者択一になってしまい，結果的に婚姻率や出生率が低下するのである（山口 2005）。

　日本においては，成人後の親との同居に対して寛容な意識が強かったことの影響も指摘されている（山田 2007：p. 116）。急激な経済成長があった時代なら，結婚は必ずしも生活水準の低下を招かなかった。子ども

世代の方が高学歴で，所得見込みも高かったからである。しかし成長率
が低い時代では，結婚して親元を離れてしまうと，どうしても生活水準
が低下してしまう。このことが結婚を遅らせた可能性がある。

　ただ，出生率をある程度維持した欧米諸国では，親元から離れてパー
トナーと生活を共にすることで生活を成立させる若者が多かった。ただ，
それも共働きがしやすい環境でこそ可能になる戦略である。現在少子化
に直面している国は，ほぼすべて性別分業が強い国か，福祉における家
族主義の側面が強い国である。家族主義の強い国では，育児や介護にお
ける家族の役割を重視し，公的な支援を二次的なものと考える。ケアを
提供するのはたいてい女性であるため，そういった負担を強いられる女
性は，仕事と家庭生活のトレードオフに直面してしまうのである。

3. 子育ての社会化

（1）育児不安と両立問題

　農業や自営業が多かった時代では，子育ては祖父母世代や近隣コミュ
ニティの中で，集団的に行われる度合いが強かった。ただ，人口規模の
大きい団塊の世代（1947〜49 年生まれ）は就職・結婚時に地方農村部か
ら都市部に移住することが多く，祖父母との同居も減り続けた。図 10-4
は，0〜4 歳時の子どもの祖父母世代どの同居比率（三世代同居比率）の
最近の推移を示したものである。

　1995 年からの 10 年間においても，三世代同居の割合は減少傾向であ
る。三世代同居の割合には地域差があり，東京などの大都市部や鹿児島
など南九州で同居が少なく，東北・北陸地方で多いことが知られてい
る。ただ，福井県においても，10 年間で同居率が 24.3 ポイントも減っ
ている。同居の減少傾向は基本的に戦後から継続した動きであり，特に
都市部において親は子育てにおいて孤立することが多くなってきた。

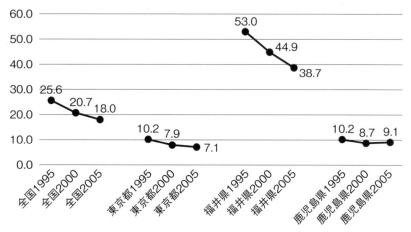

図 10-3　0〜4 歳が祖父母と同居している割合の推移

（出典：国勢調査（1995〜2005 年）を基に筆者作成）

　長期的には，1950 年代からの家族形成の均等化の中で出生率が下が
り，家族の中の子どもの数が少なくなるのと同時に，子育ての質が関心
事として浮上した。1960 〜 80 年代では専業主婦が多かったため，「自分
はちゃんと子育てしているのだろうか」ということに不安を持つ母親が
増加した。それ以前の時代では，子どもが 4 人以上いるような家庭は普
通であったし，母親も農業や自営業を営む家の中で働いていたことあっ
た。したがって，1960 年代から増加した専業母が孤立した中で子育て
をするというのは，新しい家族経験だったのだ。「育児不安」「育児ノイ
ローゼ」といった言葉がメディアを賑わすようになったのは，1960 年代
からである。その後，育児ノイローゼからの母子心中がしばしば報道さ
れるようになった。

　団塊の世代が子育てをしていたのが，1970 年前後である。団塊の世代
の男性の典型的なライフコースといえば，中学を卒業後，地方から大都

市圏に集団就職し，その後お見合いをして地元出身の女性と結婚し，都市近郊の団地に居を構える，というものだ。妻はといえば，生まれ育った場所であれば得られたであろう親やきょうだいからのサポートがあまり得られない。唯一の身近な家族員である夫は，長時間労働の職場に縛られていたこともあって，子育てには積極的にかかわらない。近隣には同じく子育てをしている専業母がいたはずだが，日本においては家族とそれ以外の境界線が非常に厚いこともあり，育児とその責任は母親に集中した（松田 2008：p. 6）。このような状態で，母親は孤立し，育児不安を増加させていたのである。

　有配偶女性の抱えるストレスや不安については，1960 年代のアメリカでも問題になっていた。アメリカでは，有配偶者の場合，男性よりも女性の方がメンタルな問題を抱えやすいという傾向が見出され，その理由が研究上の問いになっていた。女性のストレスを説明する理論の一つが，役割が妻・母親に限定され，家庭外の世界とのつながりが少ない，というものであった。現在の研究では，家庭と仕事の二重役割こそがストレスの源だと考えられることが多いが，専業主婦が多かった時代には，仕事を持たず家庭に閉じこもることの問題に注目されていたのである（筒井 2019：pp. 5-6）。

　一部の欧米諸国では，1970 年代から，女性のストレスは仕事と家庭役割のあいだのコンフリクトから生じるという研究が多くなっていく。日本では 1986 年に男女雇用機会均等法が施行されたこともあり，1990 年代においては仕事と家庭の両立，あるいはワーク・ライフ・バランスが政策・研究課題になっていった。

　専業主婦が多かった 1970 年代を中心に問題化された育児不安も，主に 1990 年代から問題化された（育児と仕事の）両立問題とは，同じ子育ての問題でありながら，その方向性は異なっている。ただ，両者とも性別

分業体制が問題の背景にあるという点では共通している。育児不安の一部は，女性のみが子育てにかかわることで生じるものであるし，両立問題も，家族規範や制度が共働きに対応していないことによって生じる問題なのである。

（2）育児の社会化とその意味

　1990年代以降，日本政府がとっている主な子育て支援政策は，育児休業と家庭外保育サービスの拡充である。前者は1992年に導入され，その後改訂を繰り返した育児休業法（1995年以降は育児介護休業法）による。後者は，1994年に発表された「エンゼルプラン」であり，いわゆる子育て支援を公的に促進するための政策であった。

　育児を誰が担うのか，ということは，時代や社会に応じて異なっている。近代家族の成立以前に政府による子育て支援が社会的課題にならなかったのは，職住近接の環境において，育児が家族・近隣ネットワークによって担われていたからである。その後，専業主婦時代においては，母親が不安を抱えながらも子育てに専念する環境があった。しかし会社に雇用された有配偶女性が増えると，保育の欠如が深刻な問題として浮上する。そこで生まれるのが，保育の社会化（外部化）の動きである。この場合の社会化とは，子育てを家族ではない施設やサービス提供者によって行うことを指している。

　アメリカなどの一部の欧米経済先進国では，共働き夫婦が乳母（ナニー）を雇用し，場合によっては住み込みで保育・家事を担当してもらう（筒井 2016：pp. 150-153）。家庭の内部で有償労働を行う非家族の労働者のことをドメスティック・ワーカーと呼ぶ。日本は違うが，欧米や一部東アジア社会では，女性の雇用労働化に伴い，家事や育児を家庭内で有償労働として提供するドメスティック・ワーカーの市場が活性化し

ている。ILO の推計によれば，2015 年時点で世界で 6 千 7 百万人のドメスティック・ワーカーがおり，この数値は増加しているという。ナニーは典型的なドメスティック・ワーカーであり，その多くが外国人労働者によって担われている。アジアでも，シンガポールや香港では，共働き夫婦がナニーを雇用することは珍しくない。

　ナニーなどのドメスティック・ワーカーは，多くが会社ではなく個人に直接雇用されていたり，あるいは必ずしも良心的ではないエージェント経由で就職したりするため，労働環境が脆弱になりやすいという問題を抱えている。

　これに対して，近年はドメスティック・ワーカーの労働組合を結成する動きが各国で始まっている。さらに，不利な立場に置かれがちなドメスティック・ワーカーであるが，置かれた環境に対して能動的かつ戦略的に振る舞う主体性を持った存在でもあることも，社会学のフィールドワークによって明らかになっている（上野 2011）。

　ナニーは保育を民間の労働市場から調達するパターンであるが，日本ではドメスティック・ワーカーの労働市場は発展しておらず，ナニーやベビーシッターを継続的に雇用することはまれである。自ずと，保育は家族か，あるいは保育所によって提供されることになる。

　日本では，就学前児童が通う施設としては，文部科学省（以前は文部省）が管轄する幼稚園と，厚生労働省（以前は厚生省）が管轄する保育園に分かれてきた。前者は基本的に教育のための施設であり，先生には幼稚園教諭の免許が必要である。預かり時間も標準的には 9 〜14 時で短いため，家庭に専業主婦あるいは主婦パートがいることが前提となることが多い。後者は児童福祉施設の一種であり，両親がフルタイムで働いているなど，いわゆる「保育に欠ける」児童のための福祉サービスとして位置付けられている。ただ，共働き世帯の増加を背景に保育に対す

る質・量両面の拡充を求める声が大きくなり，政府はいわゆる待機児童問題の軽減のための保育サービスの増加に取り組んでいる。また，2006年からは幼稚園と保育園の両者の機能を兼ね備えた「認定こども園」制度が開始され，徐々に数を増やしている。

　ただ，これらの施策にもかかわらず，待機児童問題は解消していない。それは一部には，保育士の待遇の悪さに起因する労働力不足に加えて，保育所の定員が増加しても，「保育サービスがあるのなら，子どもを預けて働きたい」と考える親が増えて，潜在的な保育ニーズの掘り起こしにつながるからである（前田 2017：pp. 80-82）。保育サービスの供給がニーズに追いつかない現状に対して，政府は父親の育児参加や両親（祖父母）との同居の促進，子連れ出勤の推奨などさまざまな施策を打ち出している。祖父母との三世代同居の促進（2015年少子化社会対策大綱）は「家族による子育て」への回帰といえるもので，そういった意味でも現在の日本の保育は「社会化」の途上にあるといえる。

　社会学においては，公的保育やドメスティック・ワーカーの雇用など，近代化にともなって家族の機能が家族の外部に移行すると考えられている。ただ，第1章でも指摘されているように，この社会化の在り方は国によって多様である。子育てについても，既に指摘したように施設での保育サービスが重視される国もあれば，ドメスティック・ワーカーが活躍している国もある。同じ保育サービスでも，期間や内容は国によって異なるところが多い（松田 2013：pp. 210-211）。例えばスウェーデンでは，0歳児については育児休業で対応することになっており，0歳児保育サービスは原則存在しない。

　さらに，社会学では社会化の意味合いについても検討されている（松木 2013）。子育てが社会化するということは，その機能が家族の外に移行するということだが，実際には「子育ては家族が責任をもつべき」と

いう規範は多くの場合維持されている。そのため，保育士は自らのサービスについて，子育てを家族に代わって行うというよりも，家族による子育てをサポートする，という意味付けを行うのである。

　子どもの教育にしろ健康にしろ，実質的な機能は外部化されていながら，それをどのように利用するのかという判断は，家族が行っているのが現状である。その活動の程度やメニューには地域ごとの多様性がありつつも，子育ての責任が実質的に家族の外に移行しているような社会は，いまだに存在していないのである。

謝辞：全国家族調査のデータの二次分析にあたり，東京大学社会科学研究所附属社会調査・データアーカイブ研究センター SSJ データアーカイブから〔「家族についての全国調査（第 3 回全国家族調査，NFRJ08），2009」（日本家族社会学会全国家族調査委員会）〕の個票データの提供を受けた。

《学習課題》

①　各国の保育制度について調べ，特徴を比較してみよう。
②　ナニーなどのドメスティック・ワーカーについて，どういった問題が指摘されているか，調べてみよう。

引用・参考文献 |

Ariès, P., 1960, *L'enfant et la vie familiale sous l'ancien régime*, Paris: Éditions du Seuil. = 1980, 杉山光信・杉山恵美子訳『＜子供＞の誕生：アンシャン・レジーム期の子供と家族生活』勁草書房

Badinter, E., 1980, *L'Amour en plus: histoire de l'amour maternel, XVIIe-XXe siécle*, Paris: Flammarion. = 1998, 鈴木晶訳『プラス・ラブ：母性本能という神話の終焉』ちくま書房

Flandrin, J.-L., 1984, *Familles : parenté, maison, sexualité dans l'ancienne société*, Paris: Édition du Seuil. = 1993, 森田伸子・小林亜子訳『フランスの家族：アンシャン・レジーム下の親族・家・性』勁草書房

岩上真珠, 2014,「家族と親子関係」宮本みち子・岩上真珠編『リスク社会のライフデザイン：変わりゆく家族をみすえて』放送大学教材, 131-46 頁

前田正子, 2017,『保育園問題：待機児童, 保育士不足, 建設反対運動』中公新書

松木洋人, 2013,『子育て支援の社会学』新泉社

松田茂樹, 2008,『何が育児を支えるのか：中庸なネットワークの強さ』勁草書房

松田茂樹, 2013,『少子化論：なぜまだ結婚・出産しやすい国にならないのか』勁草書房

宮坂靖子・金松花, 2012,「中国の家族は「近代家族」化するのか？「専業主婦」化／「専業母」化の動向をめぐって」『比較家族史研究』26：65-92 頁

落合恵美子, 1989,『近代家族とフェミニズム』勁草書房

筒井淳也, 2019,「社会学におけるワーク・ライフ・バランス：「ライフ」概念の多義性を巡って」『大原社会問題研究雑誌』723：4-16 頁

筒井淳也, 2016,『結婚と家族のこれから：共働き社会の限界』光文社新書

山口一男, 2009,『ワークライフバランス：実証と政策提言』日本経済新聞出版社

山田昌弘, 2007,『少子社会日本：もうひとつの格差のゆくえ』岩波書店

上野加代子, 2011,『国境を超えるアジアの家事労働者：女性たちの生活戦略』世界思想社

11 | 離婚・再婚

稲葉昭英

《目標＆ポイント》
① 離婚・再婚の趨勢について理解する。
② 離婚によって生じる母子世帯の貧困や親権の問題を理解する。
③ ひとり親世帯，ステップ家族で育つ子どもの問題を論じる。
《キーワード》 有配偶離婚率，再婚，ひとり親世帯，親権，ステップファミリー

1. 離婚の動向

　法的に婚姻関係を解消することを離婚という。離婚は一般的に望ましくないものとされ，病理的な現象として扱われることも多い。しかし，少なくとも離婚しないことや離婚が少ないことがただちに良好な夫婦関係の存在を意味するわけではない。離婚ができない・離婚しづらいことは不平等な関係や良好でない関係が慢性的に続くことを意味し，場合によってはDVや虐待などの現象が慢性的に持続することを意味する。離婚できない社会は離婚できる社会よりずっと自由度が低い社会である，ともいえるだろう。本章では「離婚は望ましくない」という立場には立たない。

　まずは近年の離婚の趨勢から検討しよう。離婚の動向を捉えるにあたっては注意が必要である。しばしば使われる指標に普通離婚率がある。これは当該年の離婚件数と人口を対応させて，人口1,000人あたりの離婚件数を求めるものであるが，分母に無配偶者を含むために，高齢者や

乳幼児人口に変化がある場合にその影響を受けてしまう（一般に高齢化が進展するとこうした離婚率は低下する）。このため，通常は有配偶者1,000人あたりの離婚件数である有配偶離婚率（単位は‰［パーミル］であることに注意）を用いることが推奨される。ところが，同じ有配偶者でも若年の場合は離婚のリスクが大きいのに対して，高齢の場合はリスクが小さい。このため，高齢の有配偶者の人口比の影響を受けるこの指標も確かなものとはいえなくなる。結局，最も有用な指標は年齢を統制した年齢別有配偶離婚率（‰）である。この変化を検討してみよう。紙幅の都合上，ここでは女性の有配偶離婚率を取り上げる。

　図11-1から明らかなように，有配偶離婚率は一貫して上昇を遂げているが，2000年以降は一部でこうした傾向が鈍化している。10代は極めて有配偶離婚率が高く，かつ近年まで一貫して上昇傾向にあるが（2015年で80‰強），30代以降についていえば2000年以降は横ばいの状態に

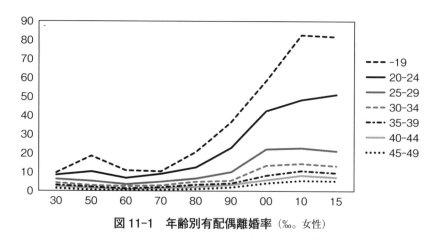

図11-1　年齢別有配偶離婚率（‰。女性）

＊横軸は西暦下2桁，縦軸は‰
（出典：国立社会保障・人口問題研究所 2017, p.102を基に筆者作成）

なっている。2000年くらいまではどの年齢層でも一貫して離婚の発生確率は高まっていたといえるが，2000年以降，晩婚のカップルにおいては離婚の発生確率は収束してきたようだ。

　長期的に見れば，日本における離婚の発生確率は増加しており，少なくとも夫婦関係が個人の意思決定によって解消しうる余地は大きくなってきたと考えられる。夫婦関係においても個人化が徐々に進展してきたと考えるべきだろう。

2. 離婚の規定因と原因

　結婚した夫婦のうち，どのくらいが離婚するのだろうか。年齢別有配偶離婚率はある年齢層における有配偶者に対する離婚件数の比なので，結婚年数を重ねる中で夫婦が最終的に離婚を経験する比率を示しているわけではない。これを明らかにするには結婚した夫婦を長期間追跡調査する必要があるが，残念なことにこうしたデータは現時点において日本には存在しない。

　しかし，国勢調査などのデータを用いて推定した Raymo, Iwasawa and Bumpass（2004）は「やや高めの推計」と断りながらも夫婦の3割ほどが最終的に離婚すると推定している。この数値はヨーロッパでも中位の水準であり，決して低いものではないという。なお，岩澤（2008）は人口動態統計を用いたシミュレーションから，1990年出生コーホートの50歳時点での結婚経験者に占める離婚経験者の比率を36％と推計している（出生率を中位と仮定した場合）。こうした結果から判断すると，結婚した夫婦の3割近くが最終的に離婚すると仮定できそうだ。

　では，どのような人たちに離婚のリスクが大きいのだろうか。図11-1からは若年層ほど離婚の発生確率が高く，特に10代で著しく高いことが分かる。10代の結婚を特徴付けるのが「婚前妊娠結婚」（いわゆる「で

きちゃった婚」）の多さである。図11-2は人口動態統計から岩澤・鎌田
（2013）が算出した年齢別「全初婚に占める婚前妊娠結婚割合（%）」の
年次別推定値をグラフ化したものである。なお，婚前妊娠結婚は初婚か
ら7カ月以内に出生が発生したケースと定義されている。

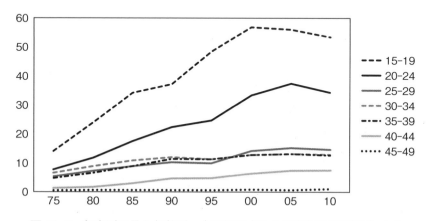

図11-2　年次別に見た年齢別・全初婚に占める婚前妊娠結婚割合（%）

＊横軸は西暦下2桁，縦軸は%

（出典：岩澤・鎌田2013，p.19を基に筆者作成）

　図11-2から明らかなように，年次別に見ると全体的に婚前妊娠結婚
割合はどの年齢層でもほぼ一貫して増加しているが，10代および20代
前半にはこの傾向が顕著であり，2010年時点では10代の過半数，20代
前半の3割強が該当している。これに比較すると25歳以降は15%以下
であり，大きな差が存在する。一般に婚前妊娠結婚は十分な経済的基盤
が整わない中で結婚が選択される傾向が強いとされ（岩澤・鎌田，2013），
夫婦関係が不安定化しやすいと考えられる。

　10代の結婚は高校・大学の中退とも結びつきやすく，学歴の低さと

対応する。また，学歴の低さは所得の低さとも連動する。Inaba and Yoshida（2014）は，厚生労働省による 21 世紀出生児縦断調査データ（2001-2002 年に生まれた子ども 45,000 人あまりを対象に，親および子に対して毎年追跡調査を行っているパネルデータ）を用いて，9 年後のひとり親世帯の形成を規定する要因を検討した。今日ではひとり親世帯はほぼ離婚によって生じることが知られているため，ひとり親世帯形成は離婚の代理指標と考えられる。多変量解析の結果，母子世帯形成には同居開始年齢の早さ，夫学歴の低さ，世帯所得の低さが強く関連しており，父子世帯形成には同居開始年齢の早さ，妻学歴の低さ，世帯所得の低さが強く関連していた。若年で同居するほど，学歴が低いほど，世帯所得が低いほど離婚が多く経験されることになる。

　図 11-3 は第 1 回調査の所得を四分位によって 4 グループに分け，9 年後の母子世帯比率，父子世帯比率（%）を比較したものである。所得が

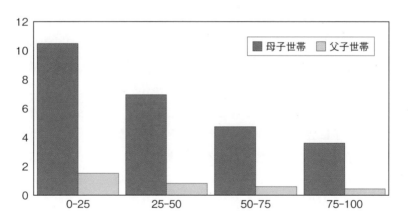

図 11-3　所得階層別に見た 9 年後の母子世帯・父子世帯発生率

＊横軸は所得のパーセンタイル，縦軸は％

（出典：Inaba and Yoshida 2014，p.7 を基に筆者作成）

低い群ほど母子・父子世帯発生率は高いが，特に母子世帯については最低所得群では 10% を超えているのに対して最高所得群ではその半分以下の比率と顕著な差が示されている。このように，階層的な地位の低い人々に離婚は経験されやすい。

3. 親権と面会交流

　親権とは，子どもの利益のために子どもの監護（身の回りの世話）と教育などを行う，親の子どもに対する義務であるとされる（榊原・池田，2017）。日本では子どもを持つ夫婦が離婚した場合，どちらかの親が子どもの親権を持つことになる。結婚している状態では父母それぞれが子どもの親権を持つ共同親権であるが，離婚後はそれが単独親権に移行するのである。この親権の在り方をめぐって近年さまざまな議論がなされている。

　2015 年の人口動態統計によれば，離婚後の子どもの親権は妻が持つ場合が全体の 84% 強，夫が持つ場合は 12% ほどである。子どもは親権者と同居することがほとんどであり，親の離婚後に子どもは母親と同居することが多い。この時に問題になるのが離婚した父と子の交流・接触である。一般に親権を持つ親は，離婚後に子どもが別居している親と会うことを嫌がることが多いとされる。こうして日本では離婚後に親権を持たない父が子に会う機会が制限されることが多くなるが，こうした状況に対して子どもと会う機会を求める声が高まっている。

　欧米でも離婚後の親権はもともと単独親権であることが多かったが，今日では多くが共同親権へと移行している。共同親権とは，特別な理由（DV や児童虐待など）がない限り，離婚後もそれ以前の親権が存続することをいう。このことは，親の離婚にかかわらず子どもから見た親子関係が法的に存続することを意味する。親の再婚相手は子どもにとって

法的には親ではなく，父または母のパートナー，友人という位置付けになる。

　単独親権の場合には，親の再婚相手が新しい父・母となり，親・再婚相手・子どもの家族関係は法的には一致することになるが，共同親権ではそれぞれの家族関係は一致しないことが前提となる。このように離婚後の親権をどのように考えるかは，私たちの社会の家族のモデルをどのように考えるか，という大きな問題と直結する。

　これについて野沢（2012）は前者を「スクラップ＆ビルド型」，後者を「連鎖・拡張するネットワーク型」の家族と位置付けている。前者は家族という集団に個人が所属することを意味するが，後者は家族は個人にとっての関係である，ということになる。

　日本では現在のところ，法的には単独親権だが，離婚時に親権を持たない親との間に面会交流権を設定し，面会交流の機会を確保するかたちがしばしばとられる。これは実態として共同親権に近い運用ともいえるが，確実な交流の機会を求めて共同親権を主張する人々も多い。一方で共同親権を批判する立場の人たちも存在し，今後どのようなかたちになっていくのかを注視していく必要がある。また，子どもの権利条約を批准した関係で子どもの意見表明権の尊重が求められているが，子どもの意見表明が親権を持つ親に利用されるという批判もあり，子どもの希望をどのように扱うかについても意見が分かれている。

4. ひとり親世帯の問題

　離婚の増加は必然的にひとり親世帯の増加をもたらす。図 11-4 は 10 〜 14 歳児の所属する世帯における，独立母子世帯・父子世帯（いずれも祖父母などと同居していない親子のみの世帯）比率の年次別変化を示したものである。

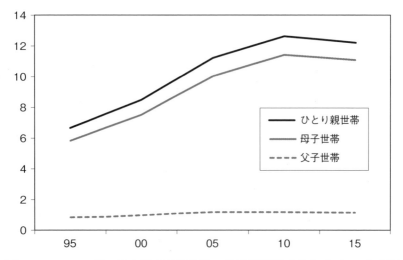

図11-4　10-14歳の子の独立母子世帯・父子世帯所属確率（％）の年次別
　　　　変化

＊横軸は西暦下2桁，縦軸は％

（出典：国勢調査報告を基に筆者作成）

　一見して，ひとり親世帯の増加が著しいことが理解できる。また，父
子世帯の比率はそれほど変化がないのに対して母子世帯が大幅に増加し
ていることも理解できる。これらはいずれも離婚の増加と母親が親権を
とることの多さ，父子世帯は祖父母と同居することが多いことなどに起
因している。なお，傾向として東日本ではひとり親世帯が実家に戻るな
どして祖父母と同居する（同居ひとり親世帯）ことが多いが，西日本で
はこの傾向は少ない。図11-5は6歳未満の子を抱えた母子世帯のうち，
親族（ほぼ親）と同居している世帯の比率を示したものであるが，この
傾向を明確に読み取ることができる。

　第3章で述べたように，高齢者の子ども夫婦との同居率は東日本で高
く，西日本では低い。母子世帯の親元同居傾向もほぼこの傾向と一致し

図 11-5　末子 6 歳未満の母子親世帯における親族との同居率（%）

＊色が濃いほど同居母子世帯が出現しやすい。（出典：国勢調査 2015 を基に筆者作成）

ており，東日本では同居によって世代間の援助をしあう傾向が強いが，西日本では同居というかたちがとられることは少ないようだ。

　さて，ひとり親世帯は二人親世帯に比較してどのような問題を抱えているのだろうか。こうした研究は離婚の発生率が高いアメリカで 1980 年代から研究が進められ，ひとり親世帯出身者の学歴達成やライフコース上の不利が明らかにされた。ひとり親世帯出身者の不利は貧困などをはじめとする経済的問題，子どもへの統制が十分でないなどの社会化の問題，親の新しいパートナーと子どもとの不和などに起因する家族ストレスの問題などによって発生することが指摘されている（McLanahan and Bumpass, 1988）。

　日本でも，こうした研究が近年盛んに行われるようになってきた。稲

葉（2008; 2011）は2005年社会階層と社会移動全国調査（SSM）を用いて，15歳時点で父が不在だった世帯の出身者は，そうでない者に比して学歴達成が低く，特にこの傾向は女子に強いこと，女子に見られる格差は戦後あまり変化していないことを指摘した。同様に余田（2012）は日本版総合的社会調査（JGSS）累積データを用いて，母子世帯のみならず父子世帯出身者にも学歴達成に不利が生じること，ひとり親世帯の不利は女子において著しいことを明らかにした。

また，稲葉（2012）は内閣府による「親と子の生活意識に関する調査」（中学3年生とその親のペアデータ）からひとり親世帯の子の成績が二人親世帯の子に比して低いこと，教育アスピレーション（進学を希望する学校段階）にも大きな格差が示されること，母子世帯に見られる格差はほぼ世帯の経済状態によって説明されるが，父子世帯に見られる格差は経済状態では説明できないことを明らかにした。父子世帯の不利は現在のところ十分に説明されてはいないが，概して父子関係は母子関係に比して希薄であることが報告されており，実際に父子世帯における親との会話頻度は母子世帯や二人親世帯よりも顕著に低い。

さらに，近年の研究からは，ひとり親世帯の子どもは家庭内の家事やきょうだいの世話などを担当することが多く，このために課外活動や勉強などの時間が制約されることが指摘されている（林 2014）。こうした役割は女子に担われる傾向があることも指摘されており，日本におけるひとり親世帯の不利が女子に大きいことを説明する一因となる可能性を有している。家事やきょうだいの世話をする子どもたちの役割過重の問題は，新たに発見された問題であり，ひとり親世帯に限られた問題ではないが，今後研究が進められるべき重要な領域である。

以上のような結果は，親の離婚が子どもにとって不利な状況を形成してしまうことを意味する。子どもの学歴達成の低さは職業的な不安定性

に結び付き，このことが早婚などとも関連して子ども自身の離婚とも結び付きやすい。実際に，吉武（2019）は親の離婚経験者は自身も離婚を経験しやすいという離婚の世代的な再生産の過程を明らかにしている。

　また，離婚後は特に父子の関連が希薄になることが知られている（稲葉 2016）。母親は子どもと良好な関係を継続していくことが多いのに対し，父親は子どもとの関係が途絶えてしまうことも多々あり，このことは父が高齢者になった時点で子どもを中心とした親族からのサポートが得られない，という問題を引き起こす。子から見ると，ひとり親世帯では親に経済的に依存することが難しいことが多く，失業や離婚などのライフコース上の出来事に直面した際に，利用可能な資源な限定されることを意味する。このように，私たちの社会は離婚経験者，および親の離婚経験者にとって二重，三重に不利な構造から成っている。

　しかしながら，私たちは「離婚はすべきではない」と考えるのではなく，「離婚をしても不利益が生じない」社会を作っていくことが必要だと考えるべきだろう。ひとり親世帯の問題の中核には母子世帯の貧困の問題があるが，これは結婚・出産によって女性が正規職を退職し，専業主婦となって以降に離婚が発生することにも一因がある。よく知られているように，母子世帯の母親の就労率は 8 割以上と世界的にも高い水準にあるが，それでも相対的貧困率が 50％を超えることが知られている。これは，女性の離婚後の再就労は非正規かつ周辺的な労働であることが多いためである（日本労働研究機構 2003）。こうした点では，結婚・出産にかかわらず継続就労可能な環境を整えることが，母子世帯の貧困を抑止する有効な政策の一つといえるだろう。

　また，親に代わって家事やきょうだいの世話をする子どもの問題は今後社会的な対応が求められる重要な問題である。

5. 再婚の趨勢

　離婚が実質的に増加し，また初婚の件数自体が減少したことで，婚姻に占める再婚の割合は増加している。図11-6に見るように，夫婦のどちらか／両方が再婚の場合を「再婚」と見なすと，1960～70年ころには11-12％ほどであったこの比率が，2015年時点では27％近くと大幅に増加している。再婚の内訳を見ると，夫再婚・妻初婚が妻再婚・夫初婚より一貫して多いが，近年では夫婦両方が再婚の比率が上昇している。こうした動向は再婚が一般化してきたかのような印象を与える。再婚件数自体は1970年時点で11万4千件あまりから2016年に16万5千件あまりへと確かに増加しているが，それ以上にこの期間中の婚姻件数自体

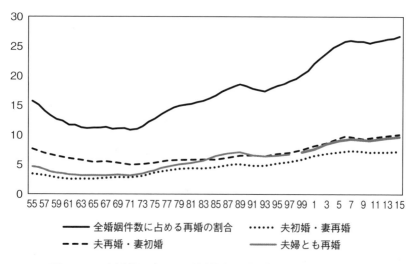

図 11-6　全婚姻に占める再婚件数比率（%）の年次別変化

＊横軸は西暦下2桁，縦軸は%

（出典：人口動態統計平成29年度版を基に筆者作成）

が103万件近くから62万件あまりへと大幅に減少したために、こうした比率の上昇が起きたと考えるべきだろう。

　では、離婚した人は再婚しやすくなったのだろうか？これについては平成28（2016）年度人口動態統計特殊報告「婚姻に関する統計」の中で分析がなされている。

　図11-7は2007-2011年に離婚したもののうち、5年以内に再婚したものの比率（％）を示したものである。男女差が一貫して存在し、男性のほうが再婚しやすいことが分かるが、再婚率自体がやや減少してきていることが分かる。実は、離婚したものが再婚する傾向は必ずしも増加していない。この点は日本版総合的社会調査（JGSS）累積データを用いた余田（2016）でも報告されている。離婚件数が増加したために再婚件数が増加し、婚姻に占める再婚比率は高まっているが、離婚者が再婚する確率自体はむしろ低下している。未婚者、離別無配偶者いずれについて

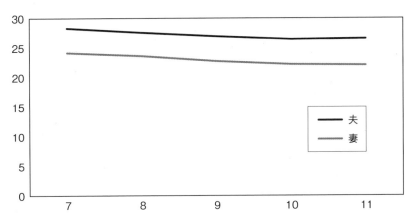

図 11-7　2007-2011 年に離婚したもののうち、5 年以内に再婚したものの比率

＊横軸は西暦下 2 桁、縦軸は％

（出典：人口動態統計平成 28 年度「婚姻に関する統計」を基に筆者作成）

も非婚化が進展していると考えられるのである。

6. ステップファミリー

配偶者の離別や死別を経験した人が，子どもを連れて再婚した場合，こうした家族のことをステップファミリー（子連れ再婚家族）と呼ぶ。ステップファミリーを家族としてどのように考えるかはなかなか難しい部分があり，「誰が家族であり誰が家族でないか」は法的なレベルではともかくとして，当事者の感覚レベルにおいてはかなり多様であるようだ。

子どもから見て実親との以前の関係が良好であれば，新しい親を親として受け入れることは簡単ではないことも多く，子どもがなつかない場合には新しい親もそのことにストレスを感じたり悩むことも多い。子どもの誕生と同時に発生し，形成されていく親子関係とは違い，ある程度育ちあがった子どもと新しい親との関係を短時間で構築することは簡単ではない。関係上の問題は親子関係のみならず，きょうだい関係や祖父母との関係などでも発生する。こうした家族関係上の問題はしばしば当事者にとって深刻な悩みとなることが報告されており（野沢・茨木・早野・SAJ編 2006），特に女性（母親）がこの問題で悩むことが多いとされる。

稲葉（2002）は第1回全国家族調査データ（NFRJ98）を用いて男女別に初婚継続者・再婚者・離死別無配偶者のメンタルヘルスを比較しているが，男性の再婚者のディストレス（抑うつなどの心理的に望ましくない状態）は初婚継続者とそれほど変わらず，良好であるのに対して，女性の再婚者はディストレスが極めて高く，再婚がかえってメンタルヘルスを悪化させている可能性を指摘した。さらなる分析の結果，女性自身と子どもとの関係よりも，夫と自分の親，子どもと夫など，いわば自

分以外の二者関係の問題で悩むことが多いことも明らかにされている。これらは，女性が家族内の人間関係のケアに大きくかかわっていることを反映している。

　ただ，離婚と同様にこれらの問題が発生するから「ステップファミリーになることは避けるべきだ」と考えるのではなく，ステップファミリーに対応可能な社会の在り方，家族の在り方を目指すことを考えるべきだろう。これは障害学でいう障害の医療モデルと社会モデルの違いに対応する。障害の医療モデルとは，障害は治療・予防されるものであり，障害を望ましくないものと考える。これに対して社会モデルは，障害は社会が障害に対応していないからこそ障害になるのであり，社会の在り方を変えることで障害は障害でなくなると考える。

　ステップファミリーに問題が発生しやすい一つの理由は，野沢（2012）も指摘するように再婚によって形成された集団（世帯）の単位を家族と見なし，その成員にとっての家族の範囲はすべて一致する，という家族モデル（野沢のいうスクラップ＆ビルド型）を私たちが保持していることにある。このモデルのもとでは，同居している世帯内で新たに初婚継続家族と同様な親子関係を構築することが求められるためにさまざまな問題が生じてしまう。しかし，欧米を中心に親の離婚後もそれ以前の親子関係の継続を認めるような共同親権の在り方が徐々に普及しだしている。このモデルのもとでは親の離婚にかかわらず，子どもから見た親子関係は世帯を超えて存続することになる。

　こうしたモデル下でも親権を持つ父親・母親はそれぞれ 1 名ずつに限定されるものの，実質的には子どもにとって父親または母親が複数存在することに等しい。このように，複数の担い手による養育をマルチプル・ペアレンティングというが，1 名の父母が親としてのかかわりを独占するのではなく，以前の親・祖父母，親の再婚相手である新たな親・

祖父母など多様な関係性の中で子どもとの関係が形成されていくことが，ステップファミリーをはじめとする多様な家族に対応可能な家族の在り方ではないか，と考えられる。親であることを一人が独占するのではなく，複数で分担・協力する新しい家族のモデルを認められるかどうかが，今後大きな鍵となるだろう。

《学習課題》

① 　離婚が増加することでどのような社会現象が予測されるのか，考えてみよう。
② 　離婚後の親権を単独親権とする場合，共同親権とする場合それぞれのメリット・デメリットを考えてみよう。

引用・参考文献

林 明子，2014，『生活保護世帯の子どものライフストーリー』勁草書房

稲葉昭英，2008，「「父のいない」子どもたちの学歴達成：父早期不在者・早期死別者のライフコース」杉野勇・中井美樹編『ライフコース・ライフスタイルから見た社会階層』2005 年 SSM 調査研究会，1-19 頁

稲葉昭英，2011，「ひとり親家庭出身者の教育達成」佐藤嘉倫・尾島史章編『現代の階層システム［1］　格差と多様性』東京大学出版会，239-252 頁

稲葉昭英，2012，「ひとり親世帯と子どもの進学期待・学習状況」『親と子の生活意識に関する調査報告書』内閣府子ども若者・子育て施策総合推進室，191-198 頁

Inaba, Akihide and Takashi Yoshida, 2014. "Social stratification and the formation of single parent household in Japan", Paper presented at 18th *International Sociological Association annual meeting*

岩澤美帆，2008，「初婚・離婚の動向と出生率への影響」『人口問題研究』64（4）：19-34

岩澤美帆・鎌田健司，2013，「婚前妊娠結婚経験は出産後の女性の働き方に影響する

か？」『日本労働研究雑誌』638：17-32

McLanahan, Sara and Larry Bumpass, 1988, Intergenerational consequences of family disruption, *American Journal of Sociology*, 94：130-152

日本労働研究機構編，2003，『母子世帯の母への就業支援に関する研究』日本労働研究機構

野沢慎司・茨木尚子・早野俊明・SAJ 編，2008，『Q&A ステップファミリーの基礎知識―子連れ再婚家族と支援者のために』明石書店

野沢慎司，2012，「ステップファミリーをめぐる葛藤」『家族＜社会と法＞』27：89-94

Raymo, James M., Iwasawa, Miho and Bumpass, Larry., 2004. Marital dissolution in Japan: recent trends and patterns. *Demographic Research*, Vol.11：395-419

榊原富士子・池田清貴，2017，『親権と子ども』岩波新書

余田翔平，2012，「子ども期の家族構造と教育達成格差――二人親世帯／母子世帯／父子世帯の比較」『家族社会学研究』24（1）：60-71

吉武理大，2019，「離婚の世代間連鎖とそのメカニズム――格差の再生産の視点から」『社会学評論』70（1）：27-42

12 │ 高齢者と家族

稲葉昭英

《目標＆ポイント》
① 社会保障制度と家族の変化の関連について理解する。
② 高齢者の家族関係について理解する。
③ 高齢者の介護，高齢者の社会的孤立の問題を考える。
《キーワード》 介護保険，高齢者虐待，セルフネグレクト，地域コミュニティ，社会関係資本

1. 高齢者の生活と社会保障制度

（1） 社会保障制度の変化

　高齢者とは，国勢調査をはじめとする公的統計では65歳以上の者を指す。また，医療保険制度や後期高齢者医療制度上の区分などから65～74歳の者は前期高齢者，75歳以上の者は後期高齢者と呼ばれる。

　厚生労働省による2016年の簡易生命表の結果からは，65歳時点まで生存している者の平均余命は男性19.6歳，女性24.4歳であり，いわゆる現役時代を終えた人々は平均すれば男性は20年，女性は25年近くの高齢期を過ごすことになる。雇用労働に従事していたものにとっては高齢期は職業生活を引退し，家族および地域が主要な生活の場となる大きな変化の時期である。また，次第に身体的な能力が低下していく時期であり，医療や介護の問題に直面することが多い時期でもあるため，対人関係が持つ意味が大きくなる時期でもある。

　自営業が中心であった伝統的な社会では社会保障制度が整備されておらず，高齢者の生活は子どもを中心とした家族に大きく依存せざるを得なかった。ただし，高齢者の寿命も短かったため，家族への依存期間自体は長かったとはいえない。

　雇用労働が一般化するにつれて高齢期は職業生活から引退した時期という側面が強くなり，所得保障の問題がより大きくなる。こうした中で国家によって老後の所得を保障する年金制度が創設されるようになり，戦前のいくつかの年金制度の設立を経て 1944 年に雇用労働者一般を対象にした厚生年金保険が成立する。1961 年には自営業者なども対象にした国民年金が成立し，国民すべてが年金制度に加入する，いわゆる国民皆保険が成立した。これにより，保険料を一定の期間納付する義務を果たした人々には高齢期にその対価としての年金が給付されることになり，高齢期の所得を子どもに依存する必要性はそれ以前よりも小さくなった。

　第二次世界大戦後の経済成長の結果，人々の生活は豊かになり寿命も伸長することになる。こうした中で，次第に高齢者の認知症の問題が社会問題化されるようになった。後期高齢者の多くが経験する認知症は，いわゆる老人退行性障害といわれるもので，治療や投薬によって症状をなくすことは困難である。しかし，日本では医療保険の枠内で医療機関がこれらに対応したために，高齢者の人口が増加すると長期的な病院への入院（社会的入院とも呼ばれる）およびその結果としての医療保険財政の悪化という問題が生じ，深刻な社会問題となっていった。

　こうした中で，2000 年に公的介護保険が導入される。介護保険は直接的には老人退行性障害を含めた高齢者の介護を医療保険から切り離し，福祉の枠組みの中で別な財源によって対応しようとするものであった。しかし，介護を社会保険の対象にすることは，従来は家族を中心に行われていた私的な介護を外部化させることを可能にするものでもあった。

介護保険導入時には「介護保険は女性を介護から解放する」「介護保険は家族の結びつきをこわす」などといった，その効果についてのさまざまな言説が飛び交った。しかし，第3回全国家族調査（NFRJ08）データを用いて介護保険施行前後の高齢者の介護期待を比較した大和（2016）は，施行後に専門家への介護期待が顕著に高まる傾向が示されたものの，配偶者や子夫婦に対する期待の大きさは一貫して高く，ほとんど変化が見られないことを明らかにしている。介護保険は家族による介護を代替・不要化するというよりは，家族による介護の負担を軽減し，介護を持続可能なものとしている性格のもの，と考えるべきだろう。

（2）要介護者の世帯構成

　介護が必要な高齢者はどのような世帯構成をとっているのだろうか。厚生労働省による国民生活基礎調査の結果から，要介護者（介護保険で

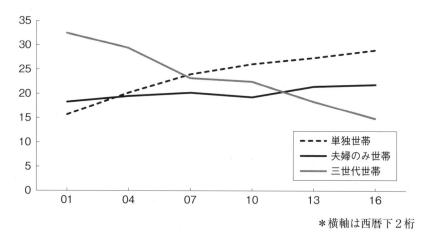

＊横軸は西暦下2桁

図12-1　要介護者の所属する世帯の構成比率（％）の年次別変化

（出典：国民生活基礎調査を基に筆者作成）

要支援または要介護認定を受けた在宅生活者）の所属する世帯のうち，単独世帯・夫婦のみ世帯・三世代世帯について，比率の年次別変化を図12-1 に示す。

　図 12-1 から，わずか 15 年ほどの間に単独世帯の比率が 2 倍近くになり，三世代世帯の比率が逆に半減していることが分かる。第 3 章で高齢者と子どもとの同居が一貫して減少していることが示されているが，要介護高齢者についても，子どもと同居する傾向は明らかに低下している。2016 年時点で単独世帯と夫婦のみ世帯を合計した比率は 50.9％と過半数に達している。ただ，既述のようにこうした傾向には地域差があり，子どもとの同居は東日本に多く，西日本に少ない。

2. 高齢者と対人関係

（1）高齢者の社会関係

　高齢者が子ども夫婦と同居することが極めて多かったように，日本は欧米に比して家族関係の持つ重要性が大きいことが指摘されている。その家族関係の態様について検討してみよう。

　日本の家族関係は男子より女子に，父親より母親に良好である傾向が指摘されている（稲葉 2016；保田 2016）。この傾向は高齢者についてもあてはまる。図 12-2 は，第 3 回全国家族調査（NFRJ08）から，65-73 歳の者 865 名を抽出し，「問題を抱えて落ち込んだり，混乱した時」に誰を頼りにするかを複数回答で求めた結果を性別・配偶者の有無別に示したものである。なお，回答が極めて少ない続柄は結果を省略してある。こうして測定されるものは「実際のサポートのやり取り」とは区別された「サポートの利用可能性」と呼ばれる（浦 2009）。

　一見して，高齢者において配偶者が一番頼りにされる関係であることが分かる。高齢期は子育てが終了し，夫婦 2 人の時期になることが多い

194

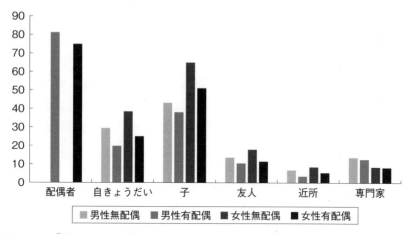

図 12-2 「問題を抱えて落ち込んだり，混乱した時」に頼りにする関係（複数回答(%)）
（出典：第3回全国家族調査（NFRJ08）データを基に筆者作成）

　ため，結婚満足度は中年期よりも高くなり（稲葉 2004），男性の家事参
加もこの時期には高くなる（岩井・稲葉 2000）。有配偶男性は子・きょ
うだい・友人との関係がいずれも女性に比して少なく，心理面を含めて
配偶者への依存性が大きいことが知られている（稲葉 2002；西村ほか
2000）。このことは配偶者を失うことが男性に与えるダメージが極めて
大きいことを意味する。
　図 12-2 では配偶者についで子どもの比率が高く，これに自分の兄弟姉
妹の比率が続く。これに比較すると友人や近所，専門家などの比率は低
く，高齢者の対人関係が大きく家族に依存していることが分かる。子ど
もの比率は女性に高いが，一方で子どもや自分の兄弟姉妹の比率は無配
偶の場合に高いことが分かる。こうした対人関係の構造は，階層的補完
モデル（Cantor, 1979）と整合する。階層的補完モデルとは，さまざま
なサポートに関して人々が持つ選好順序があり，上位の選好が選択でき

ないときに下位の選好順位のものが順次選択されていくというモデルである。日本では介護については配偶者と配偶者以外の同居家族のあいだのみ階層的補完モデルがあてはまるという指摘もあるが（古谷野ほか 1998），ここでの結果からは少なくとも配偶者，子ども，きょうだい，それ以外の関係，という選好順序があると考えられる。なお，特定のニーズに対応したサポートが選好されるという課題特定型モデルも提唱されており，負担の重い介護などはこちらのモデルのほうがあてはまる部分がある。もっとも，2つのモデルは対立するものではなく，階層的補完モデルは課題特定型モデルの下位モデルであるという主張もなされている（Messeri, Silverstein and Litwak, 1993）。

（2）高齢期の世代間関係・きょうだい関係

　かつては高齢者の子ども夫婦との同居率は高く，1963 年の厚生省（当時）による高齢者調査では高齢男性の 53%，女性の 66% が有配偶の子と，同 21%，13% が無配偶の子と同居をしていた。女性についてみれば高齢者の約 8 割が子と同居していたのである。こうした時代には「同居子との密接な交渉と別居子との疎遠な関係」が日本の特徴であるとされた（これは那須・湯沢命題と呼ばれる［老川 1976]）。この点を検討したのが図 12-3 である。これは図 12-2 と同様に NFRJ08 から 65-73 歳の高齢者を抽出し，各回答者の子どもとの「話らしい話をする」頻度（会話頻度）を年間日数に換算し，その平均値を子どもの性別・同居状況別に比較したものである。同居状況は高齢者から見た場合の子どもの状況を指し，同居子，同居子がいる世帯の別居子，同居子がいない世帯の別居子，の三者に区分している。結論からすると，会話頻度は息子より娘のほうに多く，子の性別にかかわらず別居子より同居子のほうが多い。また，別居子との会話頻度は，親と同居している子がいるかどうかとはそ

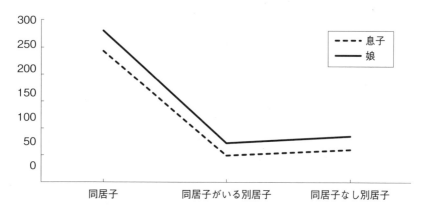

図12-3　高齢者と同居子・別居子との会話頻度（年間日数の平均値）

（出典：第3回全国家族調査（NFRJ08）データを基に筆者作成）

れほど関係しない。この意味で，同居子との相互作用は多く，別居子との相互作用はそれよりは少ないということになるが，「同居子との関係が強いので別居子との関係が弱くなる」とはいえないようだ。

　なお国際比較をした場合に，日本では別居子と親の交流頻度（会ったり電話で連絡をとる程度）は低い傾向があるとされてきた。確かに内閣府による「第8回高齢者の生活と意識に関する国際比較調査」（2015年）の結果からは，高齢者と別居子との交流頻度が「年数回」「ほとんどなし」の合計が日本は22％弱であるのに対して，アメリカは7.7％，スウェーデンは7.4％と顕著な差が示されている。一方でドイツは19％と比較的日本に近い数値を示しており，これは居住距離および労働時間が大きく関連した結果であるように思われる。

　高齢者の世代間関係の中核にある「親との同居」はかつては夫方（父系）に傾斜していたが，次第に規範的な圧力が薄まり，状況依存的な文脈での同居が多くなってきたことが指摘されている（直井・岡村・林

1984）。これにともない，世代間関係も変化しつつあることが指摘されている。JGSS（日本版総合的社会調査）-2006 データを用いた岩井・保田（2008）は，別居している親子の関係について，親への経済的な援助などは夫方への傾斜が示されるが，親からの援助については夫方・妻方同等ないし妻方への傾斜が示されることを報告している。

　また，親の離婚を経験している成人子は親との会話頻度が少なく，関係の良好度も低調である傾向が見られ，この傾向は母親よりも父親に顕著であることも報告されている（稲葉 2016）。家族関係への依存性の大きな社会では，離婚経験は高齢期における対人関係資源を限定・希薄化させる傾向を持ち，特にこうしたリスクは男性に高くなるといえる。

　高齢期のきょうだい関係についても男性よりも女性のほうが会話頻度は高く，また女性とのきょうだい関係のほうがこの傾向は高い。NFRJ98，NFRJ03，NFRJ08 の 3 つの全国家族調査データを用いて保田（2016）はこうした傾向が一貫して示されること，子どもがいる場合にはきょうだいとの会話頻度が大きく減少すること，本人やきょうだいが有配偶の場合に同様に会話頻度が減少することを指摘している。これらの結果も，階層的補完モデルを支持する結果となっている。

3. 高齢者の社会的孤立

　地域で暮らす高齢者にとって，対人関係資源の利用可能性が低い状態は日常生活上のリスクを高めると考えられる。では，どのような人たちがそうした孤立状態を経験するのだろうか。配偶者や子どもへの依存が大きいことは，構造的にそれらの関係を有しない未婚者が孤立を経験しやすいことを予測させる。日本では子どもの出生は婚姻内で生じることがほとんどであり，事実婚も少ないため，未婚者は配偶者も子どもも有さない傾向が高い。図 12-4 は，NFRJ08 データを用いて前述の「問題

を抱えて落ち込んだり，混乱した時」に頼れる人が「誰もいない」と回答した高齢者の比率を婚姻上の地位別に示したものである。

　この結果からは有配偶の場合に比率が極めて低いのに対し，離別・死別・未婚の場合に比率が高まること，特にこの傾向は男性で顕著であり，男性の未婚者で最も高い比率が示されることが理解できる。いわゆる現役時代においても配偶者への依存は男性に大きく女性に小さい傾向があり，男性のほうが家族への依存が大きい分，離死別無配偶や未婚の場合にそれを代替する関係を保有していないことが分かる。女性はきょうだい関係や友人関係が男性に比して豊富であり，配偶者や子どもへの依存がその点で小さいとされる（西村ほか 2000 ; 前田 2005）。この意味で高齢者の社会的孤立の問題は男性の問題という色彩が強い。

　また，悩みごとの相談に比して負担の大きな「寝たきりなど介護が必要になった時」に頼れる人が「誰もいない」と回答した人の比率を同様に算出してみると，図 12-5 のような結果となる。ここでは離別・死別

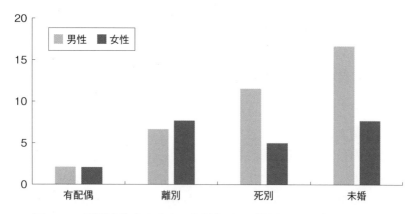

図 12-4　問題を抱えたときの相談相手が「誰もいない」比率（%）

（出典：第 3 回全国家族調査（NFRJ08）データを基に筆者作成）

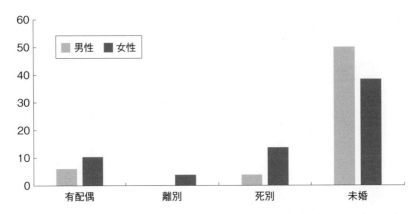

図 12-5　寝たきりなど介護が必要になった時に頼れる人「誰もいない」比率(%)
（出典：第3回全国家族調査（NFRJ08）データを基に筆者作成）

のような既婚無配偶者よりも未婚者の比率の高さが際立って高く，ここ
でも男性未婚者に問題が顕著であることが分かる。未婚化が進展してい
ることは第3章で示した通りだが，家族への依存の大きな社会では未婚
者には高齢期に大きな対人関係資源上のリスクが生じること，こうした
問題は男性に集中的に生じやすいことが分かる。近年では一人っ子も漸
増しており，きょうだい関係を有さない「未婚の男性の一人っ子」は最
も対人関係資源の利用可能性が制限されることになる。

4. 高齢者の介護をめぐる問題

（1）高齢者の介護

　それでは，実際に高齢者の介護はどのように行われているのだろうか。
国民生活基礎調査では，介護保険施行後の2001年より，要介護者（要
支援・要介護と認定された人）の主介護者の続柄を集計している。この
結果は図12-6のようなものである。

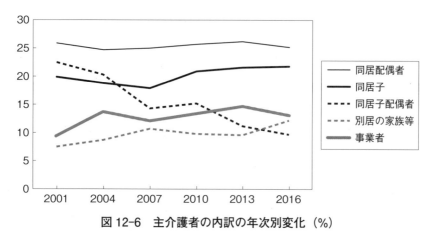

図 12-6　主介護者の内訳の年次別変化（%）

（出典：国民生活基礎調査を基に筆者作成）

　主介護者は「同居の配偶者」が一貫して最も多く，時点間でほとんど変化は見られない。ついで，「同居の子」も一貫して 20% 前後と高い。一方で 2001 年には高かった「同居の子の配偶者」の比率が大きく低下し，2016 年には「事業者」および「別居の家族等」がこれを上回っている。こうした変化は 2000 年以降の高齢者と有配偶の子との同居の大幅な減少と，無配偶の子との同居の漸増に対応している。かつて多かった嫁による介護が大幅に減少し，事業者によるサービスおよび別居子による介護が増加している。ただ，「事業者」は 2016 年でも 13% ほどであり，家族による介護が大きな比重を占めていることが確認できる。

（2）男性の介護参加とその問題

　主介護者に占める「同居子」の比率は漸増しているが，同居子には無配偶男性（息子）が含まれることに注目すべきである。では，男性の介護参加はどのくらいで，そこにどのような問題があるのだろうか。図

12-7 は 2016 年度の国民生活基礎調査の結果から算出した主介護者の内訳と，厚生労働省による「『高齢者虐待の防止，高齢者の養護者に対する支援等に関する法律』に基づく対応状況等に関する調査」（2016 年度）で報告されている高齢者虐待の虐待者の続柄別内訳を一括して示したものである。なお，後者の調査は全国の市町村（特別区を含む）および 47 都道府県を対象に，2016 年度中に相談・通報があった高齢者虐待の事例のうち，事実確認や対応を行った事例に関する回答を集計したものである。

　まず，主介護者について「夫」「息子」といった男性を合計すると 33%近くになることに注目すべきである。介護の 7 割は女性が担っており，性別分業が根強いことは疑いえないが，男性の 3 割という数字は家事参加などに比較してかなり高い参加度といえる。特に「夫」より「息子」のほうが比率が高いが，「息子」の多くは同居している無配偶男性であ

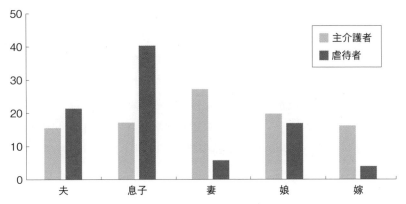

図 12-7　主介護者の続柄別内訳と，高齢者虐待者の続柄別内訳（%），
　　　　（2016 年度）

（出典：国民生活基礎調査，『高齢者虐待の防止，高齢者の養護者に対する支援等に
　関する法律』に基づく対応状況等に関する調査，を基に筆者作成）

ると考えられる。未婚化が意図せざる結果として男性の介護参加を促進したのである。

　次に，虐待者の内訳を見ると虐待者は男性に多く，女性に少ないことが分かる。男性は介護者の３割強だが，虐待者の６割強を占めている。「妻」は介護者の 27% 強を占めるが，虐待者の 6% ほどに過ぎない。これは，妻による介護から虐待が発生する確率が小さいことを意味している。これに対して，「息子」は介護者の 17% 強であるが虐待者の４割強を占めており，虐待の発生する確率が高いことが分かる。少なくともここからは男性による介護には虐待のリスクが高いと言わざるを得ない。男女共同参画という観点から男性の介護参加は望ましいことではあるが，虐待は何らかの方法で防止されねばならない。

　認知症者の介護は成果が見えにくく，負担が大きく，介護者にはストレスやバーンアウト（燃え尽き）が経験されやすい。概して男性介護者は，達成すべき目標を設定し，その実現を図ろうとする仕事モデルによって介護を行うために，期待に沿わない高齢者を叱責するという。一方，女性はまず相手を受け容れる母子関係モデルによって介護を行うという（春日 2009）。「男性によるケアはいかにして可能か」はさまざまな分野で議論されてきたテーマである。幼少期から男性は球技のようなルールに従って勝ち負けを競う遊びを，女性は，その場に集まった全員が満足できるような遊びを行うという。発達心理学者ギリガンは，男性がルールに従うといった正義の倫理を幼少期から内面化していくのに対して，女性は他者に配慮・気遣うケアの倫理を内面化していくと主張した（Gilligan, 1983）。もしこうした主張が正しいなら，介護や育児，介助といったケアを男性が担っていくには男性もケアの倫理を身に着ける必要があるということになる。そうであるなら，幼少期からの男女共同参画が不可欠なものになるといえるだろう。

5. 高齢者と地域コミュニティ

　高齢期は地域での生活が中心になる。未婚化が進展すると配偶者や子どもを有さずに高齢期を迎える人たちが増加することになるが，こうした人々を含めて地域内で親族関係にない人々との関係をいかにして形成・維持できるかが今後の多くの人々の課題になるだろう。

　既存の研究からは，地域の対人関係は女性に多く男性に少ないことが明らかにされている（前田 2005）。この原因の一つは男性の多くが現役時代に雇用労働に従事しているために，地域での生活時間が限られていたことにある。当然のことながら，地域での居住期間の長さも対人関係の形成可能性に影響を与える。長時間労働や転居は地域での対人関係の形成機会を構造的に奪ってしまう。従来の男性の雇用労働はこうした性格が強く，対人関係の男女差はこうした結果として顕在化した側面がある。男女平等な雇用機会が増加することは機会の平等という点で望ましいといえるが，これまでと同様な長時間労働が求められ続けると，女性も地域での対人関係が限定されてしまうことを意味する。このように，労働時間の短縮は同時期のワーク・ライフ・バランスの実現のみならず，高齢者になった時の地域での生活を豊かにするためにも必要であると考えられる。

　地域で暮らす高齢者が増加していることもあり，地域コミュニティを形成する必要性は多くの自治体が認識している。コミュニティとは対人関係が集積する小規模な地域的範域を意味するが，そうした対人関係から分離し，孤立した生活を続けていくことは心身の健康上のリスクを高めると同時に，犯罪や事故などに対する脆弱性を高める。

　地域レベルでの対人関係の結びつきの強さ，人々に共有されている連帯感や信頼感などは社会関係資本（social capital）と呼ばれる。社会関

204

係資本の概念は多義的だが，基本的には地域力とでも呼べるような，対人関係を基盤にした地域レベルの資源性を意味する（稲葉 2007）。社会関係資本に恵まれているほど地域の中での人々の協力行動や互助活動が促進され，結果として人々の健康や心理状態に肯定的な影響が生じるという（稲葉 2011）。

　多くの自治体が高齢者のサークル活動やボランティア活動を支援するのは，そこから地域の社会関係資本を形成することが可能になるから，という側面も大きい。一方で家族以外に対人関係を有さない人も少なくない。特に配偶者に心理的に大きく依存し，それ以外に地域内での対人関係を有さない男性は，妻に先立たれたような場合に難しい状況に置かれる。こうしたケースでは自分に対して必要なケアを行わないセルフネグレクト（ゴミ屋敷化，アルコール依存症なども含まれる）に陥るリスクが大きいとされる。他者とかかわることは規則正しい生活や身支度が必要とされるが，他者とのかかわりが一切なくなるとその必要性は小さくなる。対人関係を持ち，社会との接点を持つことはそのこと自体が個人に生活上の目的と秩序を与える。

　家族への依存性が小さな社会とは，コミュニティへのかかわりが大きな社会でもある。未婚化が進展し，きょうだい数が減少する中で，こうしたコミュニティの在り方が今後ますます重要なものになると予想される。

謝辞：第 3 回全国家族調査（NFRJ08）データの分析にあたっては，東京大学社会科学研究所附属社会調査・データアーカイブ研究センター SSJ データアーカイブから個票データの提供を受けました。

《学習課題》

① 対人関係資源の性差はなぜ生まれるのか，考えてみよう。

② 家族への依存性の大きな社会，小さな社会の長所と短所をそれぞれ考えてみよう。

引用・参考文献

Cantor, Marjorie H, 1979, Neighbors and friends: An over-looked resource in the informal support system. *Research on Aging*, 1: 434-463

Gilligan, Carol., 1983, *In a different voice: Psychological theory and women's development*. NY: Harvard Universtiy Press ＝ ギリガン，キャロル，1986,『もうひとつの声』岩男寿美子監訳，川島書店

稲葉昭英，2002,「結婚とディストレス」『社会学評論』53(2)：69-84

稲葉昭英，2004,「夫婦関係の発達的変化」渡辺秀樹・稲葉昭英・嶋崎尚子編『現代家族の構造と変容：NFRJ98 による計量分析』東京大学出版会，261-275 頁

稲葉昭英，2007「ソーシャル・サポート，ケア，社会関係資本」『福祉社会学研究』4：61-76

稲葉昭英，2016,「離婚と子ども」稲葉昭英・保田時男・田渕六郎・田中重人編『日本の家族　1999-2009』東京大学出版会，129-144 頁

稲葉陽二，2011,『ソーシャル・キャピタル入門』中公新書

岩井紀子・稲葉昭英，2000,「家事に参加する夫，しない夫」盛山和夫編『日本の階層システム 4　ジェンダー・市場・家族』, 東京大学出版会，193-215 頁

岩井紀子・保田時男，2008,「世代間援助における夫側と妻側のバランスについての分析—世代間関係の双系化論に対する実証的アプローチ—」『家族社会学研究』20(2)：34-47

春日キスヨ，2009,『高齢者と家族　ひとりと家族のあいだ』ひろしま女性学研究所

古谷野亘・安藤孝敏・浅川達人・児玉好信，1998,「地域老人の社会関係にみられる階層的補完」『老年社会科学』19(2)：140-150

前田尚子，2005,「友人関係のジェンダー差：ライフコースの視点から」『老年社会科学』26：320-329

Messeri, Peter., Merril Silverstein and Eugene Litwak, 1993, Choosing optimal support groups: A review and reformulation. *Journal of Health and Social Behavior*, 34: 122-137

直井道子・岡村清子・林廓子, 1984「老人との同別居の現状と今後の動向－主婦を対象とした調査結果からの検討－」『社会老年学』21：3-21

西村昌記・石橋智昭・山田ゆかり・古谷野亘, 2000,「高齢期における親しい関係：「交遊」「相談」「信頼」の対象としての他者の選択」『老年社会科学』23(3)：367-374

老川　寛, 1976,「他出別居子との関係」上子武次・増田光吉編『三世代家族』垣内出版, 235-264 頁

浦　光博, 2009,『受容と排斥の行動科学』サイエンス社

保田時男, 2016,「成人期のきょうだい関係」稲葉昭英・保田時男・田渕六郎・田中重人編『日本の家族　1999-2009』東京大学出版会, 259-274 頁

大和礼子, 2016,「公的介護保険導入にともなう介護期待の変化―自分の介護を誰に頼るか」稲葉昭英・保田時男・田渕六郎・田中重人編『日本の家族　1999-2009』東京大学出版会, 275-291 頁

13 | 単独世帯の増加と「家族」の オルタナティブ

岩間暁子

《目標＆ポイント》
① 単独世帯（一人世帯）の動向と社会的リスクについて学ぶ。
② 福祉レジーム論を手掛かりとして，家族の機能を国家や市場と関連付けて理解する。
③ 日本の生活保障システムの特徴とその問題点を理解する。
④ 家族に代わりうる親密圏の構築に向けて展望を示す。
《キーワード》 社会的リスク，福祉レジーム論，機能的欲求，アイデンティティ欲求，「家族」のオルタナティブ，親密性の変容，親密圏，公共圏

---

1. 単独世帯の増加とその影響

図 13-1 に示すように，「例外的」と見なされてきた単独世帯（一人世帯）が既に最大の世帯類型となっており，2040 年にはほぼ 4 割に達する見込みである（国立社会保障・人口問題研究所 2018）。

生活保護を受給している世帯のうち，一人世帯が占める割合は増加し続けている（図 13-2）。同居人がいる世帯と比べると，単独世帯は失業などで収入が減ったり，途絶えたりした時，病気・けが・障がいを負ったり介護が必要になった時などの脆弱性が高い。実際，2015 年の一般世帯に占める一人世帯の割合（26.8％）と比べて，生活保護受給世帯では一人世帯の割合が極めて高く（78.1％），単独世帯の脆弱性が示されている。

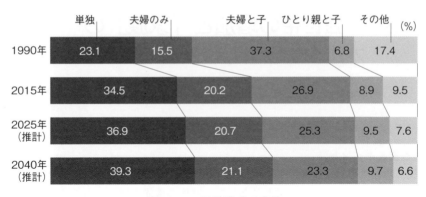

図 13-1　世帯構成の変化

（出典：国立社会保障・人口問題研究所（2018）を基に筆者作成）

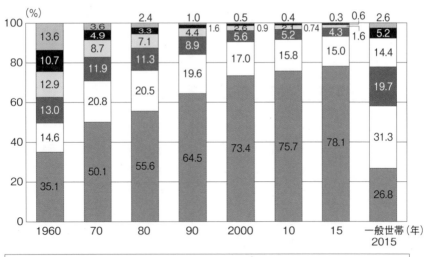

図 13-2　世帯人員別被保護者世帯数の構成比の推移

（出典：2000 年以前は「被保護者全国一斉調査」，2015 年は「被保護者調査」，
　　　一般世帯は「国民生活基礎調査」を基に岩永（2019：51），一部修正）

　一度も結婚しない人，子どもを持たない人，非正規雇用で働き続ける人の割合が増えているため，高齢期に限らず，単独世帯の脆弱性に対応した社会保障システムへの転換が求められている。同時に，一人で暮らす人々の急増は，肯定的なアイデンティティや生きる意味などを家族以外の何によって代替できるのか，という問いを社会に投げかけてもいる。

2. 人生における３つの社会的リスク

　私たちは人生を歩む上でさまざまなリスクに遭遇する。誰もが，病気やけがをするし，障がいを負う可能性もある。家族を失うことからも逃れられない。解雇や会社の倒産の憂き目にあうこともある。このように，（リスクに遭遇するタイミングも含めて）自分ではコントロールできない点にリスクの本質がある。

　エスピン=アンデルセンは，人生を歩む中で人々が直面する社会的リスクを「階層的リスク」と「ライフコースにおけるリスク」の２つに大別した上で，前者が世代を越えて受け継がれることを「世代間リスク」と捉えた（Esping-Andersen, 1999=2000：71-75；岩間 2008：79-80）。

　階層的リスクとは，社会階層（職業や学歴，収入，財産，教養や知識，交際範囲などのさまざまな社会的・経済的・文化的・政治的資源を分類基準として用い，それらの保有する資源の種類や量の違いなどによって序列付けられる集団）によってさらされる確率が異なるリスクを意味する。例えば，事務職の人に比べ，工場で機械を操作したり，高いところで作業をする人はけがをしやすい。また，無償でケアを提供してくれる家族がいない場合，経済的余裕があればケアサービスを購入できるが，収入が低ければ難しい。

　ライフコースにおけるリスクについては，「子ども期」「子育て期」「高齢期」に貧困が集中することが知られている（第14章参照）。

　階層研究によって，出身家庭の経済的文化的資源が子どもの教育達成・職業達成に影響を及ぼすことが明らかにされているが（岩間 2018），こうしたリスクが世代間リスクに相当する。

　これらのリスクを公的に管理するのが社会政策であり，国家，家族，市場が主な管理主体である（Esping-Andersen, 1999=2000）。

3. 福祉レジーム類型－「自由主義」「社会民主主義」「保守主義」

　エスピン=アンデルセンは1980年頃のヨーロッパの国々のデータを用いて，福祉の提供主体である国家，市場，家族の役割の組み合わせやサービス提供の分配原理の違いなどに着目し，「自由主義レジーム」「社会民主主義レジーム」「保守主義レジーム」という福祉レジーム類型を提示した（Esping-Andersen, 1999＝2000）。

　提供主体の違いによって根本的に異なる分配原理が作用する（Esping-Andersen, 1999=2000：65）。家庭内では（金銭を介さずに）家族同士で支え合う，いわば「持ちつ持たれつ」の「互酬性の原理」が用いられる（ただし，必ずしも「平等性」を保障しない）。市場では金銭を介した分配原理が用いられる。国家は権威や権限に基づいて再分配するが，平等主義になるとは限らない。

　各レジームの特徴を見ていこう（表13-1）。自由主義レジームでは，「リスクを担うのは基本的に個人である」という前提がおかれ，社会政策の対象は極めて限定される。福祉を受けるためには，資産をどのくらい持っているのかを調べる資力調査を受けなければならないなど，ある種の罰則と引き替えに福祉受給が認められる。日本でも，生活保護受給の可否の決定にあたっては資力調査が導入されている。国家の役割は3類型の中で最も小さく，市場に委ねることが奨励されている。

表13-1 福祉レジーム類型の特徴

	自由主義レジーム	社会民主主義レジーム	保守主義レジーム
役割			
家族の－	周辺的	周辺的	中心的
市場の－	中心的	周辺的	周辺的
国家の－	周辺的	中心的	補完的
福祉国家			
連帯の支配的様式	個人的	普遍的	血縁, コーポラティズム, 国家主義
連帯の支配的所在	市場	国家	家族
脱商品化の程度	最小限	最大限	高度（稼得者にとって）
典型例	アメリカ	スウェーデン	ドイツ・イタリア

（出典：Esping-Andersen, 1999＝2000：129）

　市場の役割を重視する自由主義レジームとは対照的に，社会民主主義レジームは不平等の拡大を危惧するため，福祉をお金で売り買いしない「脱商品化」が意識的に図られている。2つ目の特徴は，家族に福祉を委ねる傾向も最も小さいという意味での「脱家族化」が図られている点である。つまり，市場や家族に代わって国家の役割が最も大きい。3つ目の特徴は，受給者の職業の有無，収入額，職種の違い，婚姻上の地位，家族関係などによって区別せず，ニーズ（のみ）に基づくという意味での「普遍主義」の原理が用いられている点である。

　保守主義レジームの最大の特徴は「家族主義」である。「家族主義」には二重の意味があり，一つは家族に期待される福祉機能が大きいこと，もう一つは保護の対象とする家族モデルは性別分業型の核家族を前提とし，他のレジームよりも画一的であることである。第2の特徴は，同じ職業や産業，企業で働く人同士で組織を作り，その組織単位で利益を主

張したり，社会的リスクを分け合う方式が採用されていることである（エスピン＝アンデルセンは「コーポラティスト型」と呼んでいる）。保守主義レジームの中でも，組織化の方法や歴史，階層的分断の違いなどによってさまざまなタイプに分かれる。例えば，ドイツの健康保険は，地域別，職業別，あるいは企業ベースのファンドによって1,200にも分かれる形で運営されているという。

　これら２つの特徴は，男性世帯主の雇用を守ることを最優先させる労働レジームによって支えられている。つまり，妻や子どものいる男性の雇用を守り，男性の職業を介して福祉を提供するのである。当然ながら，稼ぎ手になりにくい「通常」の雇用関係から外れた人々－非正規雇用で働く人々や失業者など－は，職業別に設計された保険制度や年金制度などの適応外となる。このレジームの下では，女性の雇用契約や労働条件は男性よりも低い水準に抑えられるため，女性も保険制度や年金制度で保護されにくい。つまり，保守主義レジームの配分原理は「普遍主義」ではなく，性別分業型の家族を優先的に保護する「選別主義」であることが第３の特徴である。

4．日本の生活保障システム－「男性稼ぎ主型」の問題

　大沢は日本の生活保障システムの特徴を捉えるため，ジェンダーの視点に基づき，「男性稼ぎ主型」「両立支援型」「市場志向型」の３類型を提示した（大沢 2007）。生活保障システムとは，生活が持続的に保障され，社会参加の機会が確保されるために，家族や企業，コミュニティや協同組織，中央政府，地方政府などによって提供される財やサービス，政策などの全体を意味する（大沢 2007：1）。生活保障システムの３類型は表 13-2 のように整理できる（岩間 2008）。

　「男性稼ぎ主型」では国家の役割が小さい一方，家族福祉と企業福祉

が強固に相互補強しあう。労働市場は，男性が安定的雇用と家族が暮らせる水準の賃金を得られるように規制され，女性や子どもは世帯主である男性の雇用を通じて福祉を受け取る。他方，ケアの主な責任は女性が担うとされる。ケアと経済の両面で家族が主な福祉供給主体と位置付けられる一方，国家や社会的経済の役割は限定的である。ただし，国による違いも見られる。例えば社会的経済については，イタリアなどの南ヨーロッパや日本と比べ，ドイツやフランスなどの大陸西ヨーロッパではキリスト教会系や赤十字系，政党系などの非営利組織の果たす役割が大きい。

　基本的に，「両立支援型」は社会民主主義レジームに，「市場志向型」は自由主義レジームに相当する。

　日本で「男性稼ぎ主型」社会保障システムが一定の有効性を持っていた条件とは何か。大多数の人が結婚する「皆婚社会」であったこと，男

表 13-2　大沢による生活保障システムの3類型

役割		男性稼ぎ主型		両立支援型	市場志向型
役割	家族	中心的		周辺的	中心的
	企業	中心的		周辺的	周辺的
	国家	補完的		中心的	補完的
労働市場の規制		男性稼ぎ主を保護（ジェンダーに準拠）		平等主義	最小限
社会的経済〔サード・セクター〕		中心的	周辺的	政府との分業（市民の自己啓発や権利擁護に限定）	中位
典型例		大陸西ヨーロッパ	日本，南ヨーロッパ	北欧諸国	アングロサクソン諸国

（出典：岩間　2008：86）

性の大半が家族を養える程度の収入を安定的に長期にわたって得られる仕事に就けていたこと（ただし，日本国籍を持った日本人男性にほぼ限定され，国籍や民族が異なる在日コリアンやアイヌ民族などはそうした仕事から排除されていた），労働者を引き留めるために企業は終身雇用制や充実した福利厚生制度を導入してきたことなどによって可能だった。

しかし，現代では未婚化が進む一方，企業は労働者の選別を推し進め，正規雇用者向けの福利厚生も縮小させている。日本では，非正規雇用者には福利厚生制度はほとんど適用されず，雇用保険に加入していなければ失業手当も受給できない。総じて，企業が個人や家族を経済的に支える機能は低下している（橘木 2005；岩間 2008）。

日本の社会保障システムの想定と実態とのズレは，ひとり親世帯の貧困問題（第14章参照），若年女性の貧困・社会的排除といった問題も生み出している（小杉・宮本 2015）。

5. 家族に対する機能的欲求とアイデンティティ欲求

家族にかかわる欲求として，山田は①機能的欲求と，②アイデンティティ欲求の2つを区別する（山田 2005：15）。①機能的欲求とは，自分が快適に生きるため，身体的快楽や物的所有，ケア，情緒的満足といった自らの機能的欲求を充足する手段として家族を求める欲求であり，②アイデンティティ欲求とは，自分がかけがいのない特別な存在であることや生きる意味を確認するために家族を求める欲求である（それぞれ，「手段として（役に立つ限り）『家族』を求める欲求」，「目的として『家族』を求める欲求」とも表現されている）。後に，①は「家族に求める欲求」，②は「家族自体を求める欲求」と言い換えられている（山田 2010：203）。

山田は，近代社会（「第一の近代」）から現代社会（「第二の近代」）へ

の移行の中で生じた家族の変化について次のように述べる。

「…第一の近代においては，まがりなりにも，家族によって，多くの人のアイデンティティは満たされ，機能的欲求も満たされ，不満も抑制されてきた。しかし，第二の近代が進行すれば，家族と意味世界，家族と機能世界がそれぞれ切り離されるようになる。その結果，家族でアイデンティティを得られない人，家族内部で欲求充足が図られない人（世話を拒否される人）が増える。」（山田 2005：20）

　山田によると，前近代社会では宗教や共同体が人生の意味や自分とは何者かを説明する役割を果たしていたが，近代になるとその役割は家族に代表される私的領域に移された。2つの欲求が家族愛のイデオロギーを介して結び付けられ，家族内での充足が期待されるようになったという（「愛情」という名の下で女性は無償労働，男性は有償労働をするなど）。
　しかし，現代では家族の領域でも個人の「自由」や「選択」が強調され，あらゆる家族規範（家族愛のイデオロギーも含まれる）に疑問が投げかけられるようになり，②を自分自身で意識的に満たすことが求められるようになったと指摘する。家族内でも関係維持の努力がより求められ，家族を通した②の充足はより困難になっているという。
　山田は，これまでの日本社会において，多くの人々に手軽な形でアイデンティティを保障したシステムが「家族」と「会社」だったという見解を示しつつ，アイデンティティを承認し，保障してくれる存在としての家族に代わりうるものを見出すことの困難を指摘する（山田 2010：206-207）。
　子どもを産み育てる機能を家族以外の集団が代替することは極めて困難である上，この機能の遂行過程で割り当てられる母親役割，父親役割，

祖母役割，祖父役割などを介してアイデンティティ欲求が充足される面が大きいことを考慮するならば，②を家族以外に求めることは容易ではないだろう。しかし，これだけ未婚化が進み，人生のある時期に一人で暮らす確率が高まっているなどの現状を踏まえると，①の充足に応えうる社会保障システムへの変更とともに，②を充足する観点から「従来の家族に代わる何か（以下では「『家族』のオルタナティブ」と呼ぶ)」の可能性を検討する重要性は高い。

6.「家族」のオルタナティブ

　1970年代以降，西・北ヨーロッパやアメリカでは同棲や婚外出生，離婚が増加した。また，仕事を継続的に持つ女性も増えた。家族形成にかかわる変化とジェンダー不平等の是正が関連しあいながら進む中で，結婚や家族に寄せる期待や規範，とりわけ性愛に基づく関係性に関する期待や規範は大きく変化した。ギデンズは，こうした変化を「親密性の変容」と捉えた（Giddens, 1992）。

　ギデンズは「親密性」の明確な定義を示していないが，「純粋な関係性」を「性的・感情的な平等性に基づく関係性」と定義し（Giddens, 1992：2），人々が「純粋な関係性」を重視し，望ましいと考えるようになった点に注目していることから，性的関係を伴いつつ，愛情を中心とした感情を頻繁にやり取りすることを「親密性」と捉え，こうした意味での親密性がより一層重視されるようになった変化を「親密性の変容」と概念化していると考えられる。この概念は同性間にも適用される。こうした親密性に基づく関係が育まれている空間が「親密圏」である。

　ギデンズは，女性が仕事を継続し，より多くの経済力を得て，カップル間の権力関係の平等化が進んだことが「親密性の変容」をもたらした一因と指摘する。したがって，ジェンダーの平等性や労働市場の構造な

どの国による違いが，家族や親密性の在り方に違いを生み出していると考えられる。この点に関連して，欧米と日本・韓国の親密圏概念の違いが表13-3のように整理されている（岩間・田間・大和 2015）。

　欧米の「親密圏」概念では性関係が中心的な位置を占めるのに対し，

表 13-3　欧米と日本・韓国の「親密圏」概念の相違

	欧米	日本・韓国
1）「親密圏」概念に占める性関係の位置付け	中心的な位置を占める	相対的に小さい（親やきょうだいの存在が欧米より大きい）
2）親密圏における関係性の選択度	「自らが選択した」という選択的な関係性	「運命」として与えられた関係性
3）「共同性」（福祉提供の負担）の選択度	2）の特徴に基づき，福祉提供の負担も「選択的」	2）の特徴に基づき，福祉提供の負担も「運命的」
4）国家と「親密圏」の関係	個人が選択して作る親密な関係を国家が承認・保護。 ＊ただし，福祉レジーム類型／生活保障システムの違いによって承認・保護の度合いは異なる。	親密圏には国家の福祉提供機能を肩代わりすることが期待される一方，個人が選択した親密性を国家が承認・保護する意味合いは弱い
5）上記の1）〜4）が家族のあり方に及ぼす影響	→①国家が国際結婚や移民同士の結婚，LGBT も承認。 →②こうした結婚やカップルに対しても，以前から承認・保護してきた「家族」あるいは「家族的なる関係性」と同等の福祉サービスを国家が提供する。 ＊ただし，福祉レジーム類型／生活保障システムの違いによってその影響の度合いは異なる。	→①国際結婚や LGBT を承認・保護する度合いが弱い。 →②（家族の負担が大きいため）与えられた家族リスクから逃避する人が多くなる。

（出典：岩間・田間・大和 2015：204）

日韓では親やきょうだいとの関係性が持つ重要性が相対的に高い。こうした違いを反映し，親密圏の関係性は，欧米では「自らが選択した」関係性，日韓では逃れられない「運命」と捉えられる傾向が強い。福祉提供についても同様の違いが見られ，日韓では義務的要素が強い「運命」と受け止められる。

　また，欧米では個人の選択に基づく親密な関係を国家が承認・保護する方向に進んでいるが（ただし，福祉レジーム類型／生活保障システムの違いによって承認・保護の度合いは異なる），日韓では，国家は性別分業型家族以外の親密性を承認・保護することには消極的である。こうした基本的な違いは，国際結婚や移民同士の結婚，LGBTの承認・保護についても見られる。

　韓国の社会学者チャンは，結婚や家族に関する東アジアの変化を「個人主義なき個人化」と捉える（張 2013）。日韓では，未婚化，晩婚化，離婚の増加，出生率の低下，子どもを持たない人々の増加といった欧米と同様の変化が見られ（しかも欧米よりも相当早いスピードで進行），統計データ上は「個人化」しているように見える。しかし，欧米型の「親密性の変容」とは捉えられず，「脱家族化（家族生活の有効範囲や期間を意図的にコントロールすることによって，社会を再生産するために家族にかかる負担を減らそうとする，人々の社会的傾向と定義）」と「リスク回避的個人化（ひとりで生きる期間を延長したり，ひとりで生きる暮らしに戻ることによって，家族関連リスクを最小化しようとする諸個人の社会的傾向と定義）」と見なすべきであると指摘する（張 2013：44）。つまり，「人口統計上の個人化」「脱家族化」「リスク回避的個人化」は確かに進んでいるが，欧米のように「積極的な個人主義」の文化が確立されているわけではない。

　日韓ともに，労働市場の不安定化などによって仕事や職場を通じたア

イデンティティの承認はより困難になっている。同時に，未婚者や子ど
もを持たない人の増加によって，家族を通じたアイデンティティ承認も
難しい。こうした変化を踏まえると，従来の「家族」の枠には収らない
ものの，長期にわたって親密な関係性を続けようとするケースについて
は，社会保障制度の適用範囲に含めるとともに，その親密性を社会的に
承認することが一つの有効な選択肢として考えられる。そうすれば，家
族がこれまで担ってきた機能的欲求とアイデンティティ欲求の充足のか
なりの部分を代替できると考えられ，その意義は大きい。

　現状では，法的に家族・親族と認められない恋人や同性のパートナー，
親友などは，原則として，入院や手術を受ける場合の同意者や住居の賃
貸契約を結ぶ際の保証人として認められていない。生殖家族を持たない
人が増える中で，こうした家族や親族に限定されている制約を取り払う
必要性は高まっている。「親密性とは何か」「親密圏の範囲をどこまで社
会的に承認するのか」などについて合意形成を図り，公共圏で承認する
必要がある。

　公的領域と私的領域が相互依存関係にあるように（岩間 2015），親密
圏は公共圏と密接な関係を持つ。近代以降，公的領域における国家や市
場の役割は強まったが，国家や資本主義の暴力性が露わになっている現
状を踏まえると，これらと対抗しうる力を市民が身に着け，連帯する重
要性は高まっている。親密圏を守るためにも，人権や民主主義などの普
遍的価値に基づく公共圏の構築に向けて，一人ひとりが自分の生き方や
望ましい社会の在り方，日本の問題などを考えるとともに，市民社会の
構築に向けた努力が一層求められている。

コラム：「選択」としての一人暮らし

　単独世帯の急増は他の先進国でも共通して見られる現象である。アメリカは，カップルや夫婦が共通の趣味を持ち，友人関係を共有することが望ましいという「カップル文化」の色彩が強い社会である。こうした文化規範は，ともすると，恋人や配偶者，パートナーがいなかったり，一人で暮らす人々に対して否定的なまなざしを向けてきた。

　しかし，一人暮らしが急増するなか，ライフスタイルの選択肢の一つとして肯定的に一人暮らしを捉えようとする動きも見られる。例えば，社会学者のクライネンバーグは，300人以上の人へのインタビューに基づき，一人暮らしの人々に対する否定的なイメージを払しょくする，新しい一人暮らし像——一人の時間を大切にしつつ，友人と頻繁に会い，社会活動にも参加し，日々を楽しむ姿——を示し，大きな反響を呼んだ（Klinenberg, 2013）。

　こうした生き生きとした一人暮らしのライフスタイルを可能としている社会的諸条件とは何かをあわせて考えることも重要だろう。

《学習課題》

①　人々は家族に何を求めているのか、その実現のためにどのような社会的経済的政治的条件が必要なのかについて考えてみよう。

②　家族に代わりうる関係性として、どのような親密性がありうるかを考えてみよう。

引用・参考文献

張慶燮，2013，「個人主義なき個人化－『圧縮された近代』と東アジアの曖昧な家族危機」落合恵美子編『親密圏と公共圏の再編成－アジア近代からの問い』京都大学学術出版会，39-65

Esping-Andersen G., 1999, *Social Foundations of Postindustrial Economics*, Oxford: Oxford University Press（＝2000，渡辺雅男・渡辺景子訳，『ポスト工業化経済

の社会的基礎－市場・福祉国家・家族の政治経済学』桜井書店）

Giddens, Anthony, 1992, *The Transformation of Intimacy: Sexuality, Love and Eroticism in Modern Societies,* California: Stanford University Press（＝1995, 松尾精文・松川昭子『親密性の変容－近代社会におけるセクシュアリティ，愛情，エロティシズム』而立書房）

岩間暁子，2008,『女性の就業と家族のゆくえ－格差社会のなかの変容』東京大学出版会

岩間暁子，2015,「『家族』を読み解くために」岩間暁子・大和礼子・田間泰子『問いからはじめる家族社会学－多様化する家族の包摂に向けて』有斐閣，1-22

岩間暁子・田間泰子・大和礼子，2015,「個人・家族・親密性のゆくえ」岩間暁子・大和礼子・田間泰子『問いからはじめる家族社会学－多様化する家族の包摂に向けて』有斐閣，197-215

岩間暁子，2018,「階層・階級・不平等－親から子どもへ格差が受け継がれやすいのはなぜか」奥村隆編著『はじまりの社会学－問いつづけるためのレッスン』ミネルヴァ書房，147-164

岩永理恵，2019,「家族や親族がいると生活保護は利用できない？」岩永理恵・卯月由佳・木下武徳『生活保護と貧困対策－その可能性と未来を拓く』有斐閣，43-58

Klinenberg, Eric, 2013, *Going Solo: The Extraordinary Rise and Surprising Appeal of Living Alone,* N.Y.: Penguin Group（＝2014, 白川貴子訳『シングルトン』鳥影社）

国立社会保障・人口問題研究所，2018,『日本の世帯数の将来推計（全国推計）－2018（平成 30）年推計－』国立社会保障・人口問題研究所

大沢真理，2007,『現代日本の生活保障システム－座標とゆくえ』岩波書店

橘木俊詔，2005,『企業福祉の終焉－格差の時代にどう対応すべきか』中公新書

山田昌弘，2005,「家族神話は必要か？－第二の近代の中の家族」『家族社会学研究』16（2）：13-22

山田昌弘，2010,「家族のオルタナティブは可能か？」牟田和恵編『家族を超える社会学－新たな生の基盤を求めて』新曜社，202-207

14 | 家族の多様化と貧困・社会的排除

岩間暁子

《目標＆ポイント》
① 家族やライフコースの多様化が進むなか，どのような人々がリスクにさらされているのかを理解する。
② 貧困概念と社会的排除概念を理解する。
③ 「第二の近代」に出現した社会的排除の問題に対するヨーロッパの取り組みを学ぶ。
④ 日本の社会的排除をめぐる問題を考える。
《キーワード》 家族の多様化，絶対的貧困，相対的貧困，社会的排除，政治参加

1. 日本の家族の多様化

　日本の家族のカタチは急速に多様化し，社会保障システムや労働市場などで前提とされてきた「日本国籍を持った，（民族的に）日本人同士の異性愛に基づく性別分業型の核家族」という枠にあてはまらない人々が増加している。

　2018年1月1日現在，総人口は1億2,770万7,259人（前年より19万9,827人（0.16％）減少），その内訳は日本国籍保有者1億2,520万9,603人（98.04％）に対し，外国籍保有者249万7,656人（1.96％）である（総務省 2018）。注目されるのは外国籍保有者の増加率である。日本国籍保有者は前年より37万4,055人（0.30％）減少したが，外国籍保有者は17万4,228人（7.50％）と急増しており，日本国籍保有者の減少数

の半分近くをカバーしている。

　外国籍住民のみの世帯の増加率は 11％に上る（前年より 13 万 8,068 世帯増加の 139 万 3,537 世帯）。国際結婚は全結婚の 3 ％程度で推移していることと比較すると，外国籍住民のみの世帯の増加が顕著である。

　結婚や出産を経験しない人も増えている一方，夫婦世帯も大きく変化しており，1980 年には約 7 割を占めた専業主婦世帯は，約 3 割にすぎない。

　最近では，同性愛者がパートナー関係の承認や結婚と同等の権利などを求める運動を活発に行っている。既に，渋谷区や世田谷区，札幌市などの自治体では，同性のパートナー関係を認定する制度が導入されているが，法定相続人などの権利は認められていない。

　労働の世界も大きく変化し，非正規雇用者が急増し，企業福祉も衰退している。また，女性の中での格差も拡大している（小杉 2015）。

　こうした人口構成の変化，家族やライフコースの多様化，労働の世界の構造変化などにより，「日本国籍を持った日本人同士の異性愛に基づく性別分業型の核家族」を前提とする社会制度は実態とのズレが大きくなり，貧困や社会的排除の問題が顕在化している。

2.　日本の貧困問題

　相対的貧困率とは，一人あたりの手取り所得の金額を高い順から並べてちょうど真ん中になる金額（いわゆる中央値）の半分に満たない所得の人の割合である。基準となる中央値の半分の値は「貧困線」と呼ばれているが，2015 年の貧困線は 122 万円であり，15.7％の人々がこの金額未満で暮らす相対的貧困の状態に置かれていた（厚生労働省 2017a）。

　図 14-1 は相対的貧困率の推移を示しているが，1985 年の 12.0％を基準とすると，漸増してきた。65 歳以上の高齢期の相対的貧困率は低下

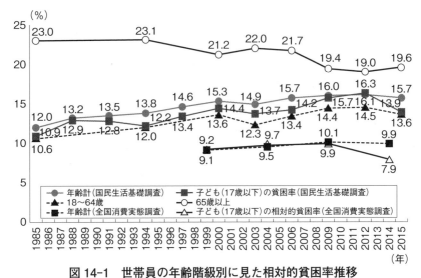

図 14-1　世帯員の年齢階級別に見た相対的貧困率推移

（出典：厚生労働省 2017b：61）

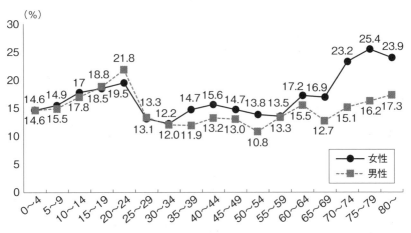

図 14-2　男女別・年齢階層別相対的貧困率（2010 年）

（出典：内閣府 2012）

しているものの，依然として最も貧困リスクの高い年齢層である。

図 14-2 は，男女別・年齢階層別の相対的貧困率である。総じて，女性の貧困率は生涯を通じて男性よりも高いが，男女格差は高齢期に拡大している。

図 14-3 によると，相対的貧困率は母子世帯で際立って高く，高齢期の単身女性がそれに続く。「勤労世代」では男女ともに単身世帯，とりわけ女性の高さが目を引く。

また，2016 年実施の「全国ひとり親世帯等調査」によると（厚生労働省 2018），母子世帯の母親の 81.8%は就業しているものの，平均年収はわずか 200 万円である。

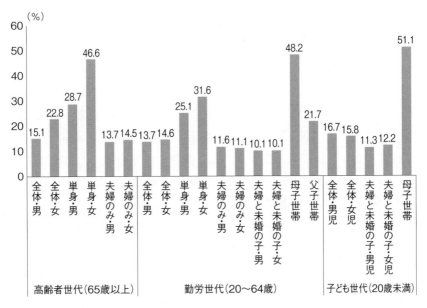

図 14-3　世代・世帯類型別相対的貧困率（2010 年）

（出典：内閣府 2012）

3. 絶対的貧困と相対的貧困

　18世紀後半に世界で最初に産業化が始まったイギリスでは，仕事を求めて農村からロンドンに移り住む人々が急増したが，住宅などの整備が追いつかず，貧困問題は深刻化した。こうした状況を目の当たりにしたブースは，世界で初めて貧困調査を行った（Booth, 1902-1903）。

　ブースは貧困を「客観的」に測定するため，標準的な規模の家族で週当たり18〜21シリングで暮らす状態を「貧困」と定義し，さらに，18シリング未満で暮らす状態を「極貧」と定義した。ブースは「極貧」と「貧困」について，3つの原因を見いだした。最大の原因は低賃金や不規則就労などの「雇用の問題」であり，病気または虚弱，大家族などの「境遇の問題」が続き，飲酒の常習や浪費といった「習慣の問題」は約1割にすぎなかった。この調査をきっかけに貧困問題が広く知られるようになり，その原因が社会構造にあると認識されるようになった。

　現在，貧困概念は「絶対的貧困」と「相対的貧困」に大別される。一般に，途上国では前者，先進国では後者が用いられる。絶対的貧困の代表的指標として，1985年に世界銀行が定めた「1日1ドル未満で生活する状態」という国際貧困基準がある。数回の改定を経て，2019年1月現在の基準は「1日1.9ドル未満」である。「絶対的」とはいうものの，時代や地域などにより基準は異なる。

　絶対的貧困概念のルーツは，ラウントリーがイギリスのヨーク市で実施した調査にさかのぼる（Rowntree, 1901）。調査の結果，「第一次的貧困（総収入が自らの生存を維持するために必要な最小限度にも足りない状態）」および「第二次的貧困（総収入が自らの生存を維持するにすぎない状態）」の合計はヨーク市の総人口の27.6％に上ることが明らかになった。

　貧困は疾病，老齢，失業，低賃金，子ども数の多さと関連していること，また，貧困は子ども期，子育て期，高齢期に陥りやすいことも明らかになった。貧困は，100 年以上前から家族形態やライフコースと密接にかかわっていたのである。

　タウンゼントによって提示された相対的貧困は，当該社会の中で標準的とされる暮らし方ができない状況を意味する（Townsend, 1979）。相対的貧困は「剥奪指標」を用いて測定されたが，「冷蔵庫がない」などの物の所有に関する指標に加え，「1 週間のうち 4 日間，（外食時も含めて）新鮮な肉を食べなかった」「過去 1 年のうち，1 週間の旅行にでかけなかった」「過去 4 週間のうちに，一度も友人または親戚を食事や軽食に招かなかった」といった生活様式や交際に関する指標も含まれた。交際に関する相対的貧困は，後に，社会的次元の排除に相当すると整理されている（Levitas, 2006：126-127）。

　1970 年代のイギリスでは，性別分業型の家族が主流であり，社会階級や社会階層による家族のありようの違いは相対的に小さかった。失業率は低く抑えられ，福祉国家も成熟期を迎えていた（志賀 2016: 49-52）。つまり，多くの人が経済的豊かさを享受し，均質的な生活様式が大衆化した時代状況を背景に，「標準的」な生活様式が実現できない剥奪状態を貧困と捉えるアプローチが有効と考えられたのである。

4. 社会的排除

（1）社会的排除概念の広がり

　1990 年代になると，新たに社会的排除に関する研究がヨーロッパで着手され，2000 年代には英語圏の社会学の辞事典に「社会的排除」の項目が収められるようになった。ただし，国や時代，社会的政治的文脈，学問領域などによって定義や概念理解にはある程度の幅が見られ，明確な

定義は定まっていない。

　このことばが社会問題と関連付けて最初に用いられたのは，1970 年代のフランスにおいてであり，社会保険システムの中からこぼれ落ちた「周辺化された集団」を意味していた（Lister, 2006：575）。当初は施設入所児童，非行者，アルコール・薬物依存者などを指していたが，経済成長が止まり，福祉国家の危機が叫ばれるようになった 1980 年代には，長期失業者や若年失業者を指すようになった（福原 2007a：12）。

　1980 年代後半には欧州委員会でもこのことばが用いられるようになり，現在では社会的排除問題の解決は，EU 加盟国が取り組むべき重要政策と位置付けられている（4 項 - 3 節参照）。

　イギリスでは 1997 年に政権を奪還した新労働党の政策構想の中で，社会的排除が重要なキーワードとして用いられた。新たに「社会的排除対策室」が設置され，弱者集団（vulnerable groups）とその人々が暮らす地域社会に焦点を当てた問題志向的アプローチが採用された（Lister, 2006：575）。

　このように，社会運動や政治的議論における重要キーワードとして先行して用いられ，その後に学問的検討がなされたという経緯も，概念の多義性や曖昧さをもたらした一因と考えられる。明確な理論的定義を欠くため，社会的排除の状態をデータで捉えることは貧困以上に困難である（Levitas, 2006：127）。

　以上から，合意が得られている明確な定義や指標の紹介は難しいが，(1)社会学を中心とした社会的排除の主な研究や EU の政策を概説した上で，(2)日本の社会的排除をめぐる研究や政策の特徴を検討する。

（2）社会的排除とは何か

　20 世紀以降の福祉国家／福祉レジームの発達は，人間としての尊厳

ある暮らしをする権利としての社会権を保障するプロセス（医療や教育，住宅の提供など）と一般に理解されている。社会権を行使できない状態を社会的排除と見なす見解もあり，この場合には貧困と社会的排除は同義語となる（Silver, 2007：4411）。実際，ある社会学辞典では，「社会的排除とは社会の構成員であるにもかかわらず，社会が用意している恩恵を受けられない状態」と説明されている（Abercrombie et al., 2006：355-356）。

　しかし，多くの研究者は「貧困」や「社会的分断（social division）」と区別できる定義を試みてきた。例えば，ある社会学辞典では，①貧困が経済的欠乏に焦点を当てるのに対し，社会的排除は関係性や権利の問題に目を向けており，②ジェンダーや人種，民族，障碍などの違いが生み出す「社会的分断」よりも，包括的な分析枠組みの提示が可能であり，③社会的排除の問題が社会全体のレベルや制度のレベルなど，多元的レベルで生まれ，維持される動的過程を扱える点で有効な概念であると説明されている（Lister, 2006：575）。また，①の面に焦点を当て，「社会的排除とは社会的絆が破壊された状態である」と簡潔に説明した百科事典もある（Silver, 2007：4411）。

　定義に関する主要な先行研究のレビューを行ったミラーは，共通する理解として，(1)社会に参加できない問題が扱われていること，(2)物的次元，社会的次元，政治的次元の参加が含まれること，(3)個人や集団が周辺化されていくプロセスも問題とされていることと整理した（Millar, 2008: 2-3）。さらに，経済的欠乏のみならず，さまざまな機会や選択肢，人生におけるチャンスからの排除という問題も指摘している。

　イギリスの主要な社会調査の一つである「家計パネル調査（BHPS）」は，表14-1のように社会的排除を4次元で捉え，次元別に指標を作成している（Burchardt et al., 2008：376）。

表 14-1　社会的排除の指標

次元	指標と閾値［基準］
消費	等価世帯所得が平均所得の50％未満であること。
生産	仕事がなく，教育や職業訓練も受けておらず，家事手伝いでもない状態（すなわち，失業，長期間の疾病または障碍，早期退職など）。*
政治参加	下院議員選挙に投票せず，政治団体（政党・労働組合・保護者会・借家人組合／自治会）のメンバーでもない。
社会的相互作用	①話をきいてくれる，②慰めてくれる，③困った時に助けてくれる，④一緒にいると安らぐ，⑤自分の価値をきちんと認めてくれる，という5つの面のサポートのいずれについても，サポートを提供してくれる人がいない。

＊筆者注）日本で一般的に「ニート」と呼ばれている状態に相当。

（出典：Burchardt et al., 2008：376）

　「消費」の次元は実質的に相対的貧困に相当するが，他の3つの次元，とりわけ「政治参加」「社会的相互作用」は社会的排除独自の次元である。

　先進国と途上国の両方における社会的排除問題を包括的に扱っているバラとラペールの研究では，社会的排除の特徴として，①貧困が経済的資源の欠如を問題とするのに対し，社会的排除は経済的要因，社会的要因，政治的要因が相互に絡み合いながら進行する累積的な不利益を指す，②失業と仕事の不安定さによって引き起こされ，③雇用，住宅，医療，教育といった基本的権利へのアクセスだけではなく，それらの質の低さも問題とし，④ある時点での排除が将来も持続する可能性が高いという長期的過程を問題とし，⑤社会的・経済的剥奪を生み出し，個人を排除に追いやる過程に目を向けた動態的概念であり，⑥人々が暮らす社会における「標準的な」生活からの排除を問題にする点で「相対的」な概念であり，⑦伝統的な福祉システムは不適切であるという認識のもとに，社会政策の抜本的再設計を目指した政策指向の概念であると述べられて

いる（Bhalla and Lapeyre, 2004＝2005：35-38）。⑥は実質的には，相対的貧困に相当すると考えられる。

　この概念がヨーロッパ以外でも関心を集めるようになった理由として，不安定な仕事や長期失業の増加，家族や家族外の社会的ネットワークの弱体化などによってさまざまな次元の問題に苦しむ人が多くの国で増えていることがあげられている（Bhalla and Lapeyre, 2004＝2005：4）。

（3）EU の貧困と社会的排除政策

　EU でも社会的排除の明確な定義は存在せず，解釈は事実上，加盟国に委ねられている（Atkinson and Da Voudi, 2000；Daly, 2006）。他方で，2010 年に発表された「ヨーロッパ 2020 戦略（Europe 2020 Strategy）」では，貧困・社会的排除問題の解決は EU が目指す成長と雇用に関する 2020 年までの達成目標の一つとされ，重要な政策課題と位置付けられている（European Commission, 2010）。この「戦略」の内容と「戦略」を紹介する欧州委員会のホームページの情報を総合的に検討すると，取り組みの特徴は以下の 7 点にまとめられる。

　第 1 に，「貧困と社会的排除」は，「雇用」「研究開発（R&D）」「気候変動とエネルギー」「教育」と並ぶ 5 つの問題領域の一領域という高い重要性が与えられるとともに，この問題の解決は経済成長や労働力不足への対応上も不可欠との認識が示されている。

　第 2 に，「教育領域の成果が労働者の雇用可能性を高め，貧困の削減に貢献する」など，各領域の問題解決は相互に関連・補強し合っているという見解が示されている。

　第 3 に，全領域において問題状況の数値データでの把握および達成目標値の設定がなされている。「貧困と社会的排除」領域の目標値は，リスクに陥っている人数を少なくとも 2,000 万人削減することである。

第4に，この戦略はEU全体，加盟国，加盟国内の地域というレベルごとの活動の「参照枠組み」とされており，加盟国には目標値の達成度をEU政府に毎年報告することが義務付けられている。

第5に，数値目標達成のため，幅広い政策を包括的に担当する特別組織「貧困と社会的排除対策のためのヨーロッパ・プラットフォーム」が設置されている。この組織は，各国政府，EUの機関，問題解決に取り組む主要関係者の協働のための基盤と位置付けられている。

第6に，このプラットフォームの枠組みのもと，NGO，社会的パートナー，民間企業関係者や社会的経済の関係者，学術関係者，国際機関などの主要な関係者間での対話を進める会議が定期的に開催され，こうした関係者の協力を得られるようにしている。また，これらの関係者には，各国内の関係者や政府，地方自治体への働きかけも期待されている。

第7に，目標達成に向けた進展の精査，プラットフォームの活動の評価，将来の行動のための提案などの検討のため，政策立案者，主要な関係者，貧困を実際に経験した人々との間での対話のための会議も年に一度開催されている。

また，移民とその第2世代は主な政策対象として重視されている。

5. 日本の社会的排除をめぐる問題

日本では2000年代にヨーロッパの社会的排除に関する研究や政策動向が紹介されるようになり（福原 2007b：3-5），2000年代後半には日本の事例にこの概念を適用する試みも始まった。代表的研究として知られている岩田（2008）では，主にホームレス層が取り上げられている。ホームレス状態に至る過程や住宅問題，地域社会への参加が考察されている点では，社会的排除研究の視点が取り入れられているが，経済的次元に焦点が当てられ，政治的次元は扱われていない点では，貧困研究の枠

組みが踏襲されているといえる。

　政府文書に関しては，厚生労働省が 2000 年代初めに公表した 2 つの報告書の中で「社会的排除」ということばが用いられた。しかし，定義は提示されず，また，貧困概念との違いなども説明されないまま，「つながり」の再構築の必要性が重視され（厚生労働省 2000），低所得者層には「就労で生活できるように支援し，それができない場合に社会保障給付が補うという政策」が提唱された（厚生労働省 2002）。実際，これ以降，「就労自立」に軸足をおいた政策が展開されていった。

　2011 年には総理大臣直属の組織として設置された「一人ひとりを包摂する社会」特命チームによって，「社会的包摂政策を進めるための基本的考え方」が公表された（「一人ひとりを包摂する社会」特命チーム 2011）。2014 年には日本学術会議から社会的排除・包摂をテーマとする「提言」が出された（日本学術会議 2014）。両文書ともに，政治的次元の問題は全く扱わず，また，対象は実質的に「国民」に限定している。

　全体として，日本では，①社会的排除の明確な定義はなされないまま，②経済的次元（とりわけ労働）に焦点が当てられ，③政治的次元は射程から抜け落ち，④国民のみが政策対象であるという問題が見られる。

　しかし，経済的次元や社会的次元の排除は，政治的次元の排除と密接に関係しており，最終的には，図 14-4 に示すように政治的分極化につながりかねない危険性をはらんでいる（Bhalla and Lapeyre, 2004 ＝ 2005：1 章）。

　また，こうした社会的排除の日本的特徴は，(1)いわゆる「就職氷河期」に学校を卒業し，不安定な待遇や将来展望を持てない仕事に就いていたり，社会的に孤立している割合が高いと推測される 2020 年現在で 30 代半ばから 40 代後半の年齢層の人々，(2)民族や国籍の異なる人々の社会的包摂策を検討する上で大きな障壁になっている。

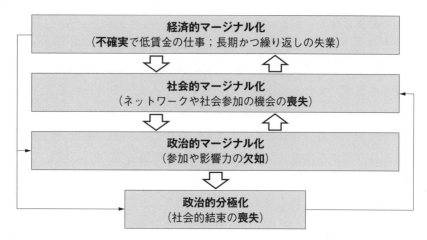

図 14-4　経済的マージナル化，社会的不統合，政治的分極化の間の関係

(出典：Bhalla and Lapeyre, 2004 = 2005：30)

　(1)の就職氷河期世代の苦悩はジェンダーによっても様相は異なるが，総じて，仕事や家庭を通じてアイデンティティを獲得したり，他者と肯定的な関係を構築することが難しいことがあげられる。こうした現状に対しては，②の労働を軸としたアプローチのみならず，それ以外の場で生き甲斐や豊かな人間関係などを得られるアプローチも必要である。

　(2)の日本人以外の民族や外国籍の人々に関しては，近代以降の日本人とそれ以外の民族との関係をめぐる歴史を踏まえての対応が求められる。日本には，明治期以降の近代化の過程で日本に編入されたアイヌや沖縄の人々，在日コリアンなどの民族的マイノリティが暮らしている。また，1990年の「入管法」改正を機に日系人（近代以降，ハワイや南米などに「海外移民」として渡った人々とその子孫）も増加した。本章の冒頭で紹介したように，外国にルーツを持つ住民は急増している。

　ミラーは，多様な価値観や信念などが共存する多文化・多民族社会で

は，「人々が何をすべきか」「どのように生きるべきか」「何をすべきか」
についての合意は必ずしも存在しないからこそ，多様な背景を持つ人々
の政治参加が必要であるとし，社会的排除における政治的次元の重要性
を指摘している（Millar, 2008：3）。

　日本は戦前，大日本帝国の拡張を目指し，1895 年の台湾の植民地化を
皮切りに，1910 年に朝鮮半島を植民地とするなど，支配下の人々を「帝
国臣民」とした歴史を持つ。しかし，敗戦後にはこうした元帝国臣民の
日本国籍を一方的に剥奪し，「外国人」という理由で長い間社会保障制
度などから排除してきた（田中 2013）。また，多くの先進国では一定の
条件のもとで定住外国人に地方参政権を認めているが，日本の政治的権
利は日本国籍保有者に限定されている。人種差別撤廃条約委員会はこう
した状況を問題視し，定住に至る歴史的経緯も鑑み，とりわけ在日コリ
アンに参政権を認めるよう長年にわたって日本政府に勧告し続けている
（Committee on the Elimination of Racial Discrimination, 2018）。多民
族・多文化社会に至る日本の歴史的経緯を踏まえ，日本でも政治的次元
も含めて社会的排除の問題に対応する必要がある。

　2000 年代にアジアからの国際結婚移住女性を多数受け入れた韓国で
は，2008 年に「多文化家族支援法」が制定されるなど，民族や国籍が異
なる人々のエンパワーメントや社会統合に向けた全国レベルの政策が積
極的に展開されている（岩間 2016）。政府の計画や遂行のプロセスでは，
当事者のニーズなどを知る支援者や NGO，研究者などの意見も反映さ
れている。また，2005 年には定住外国人に地方選挙権を認めている。

　貧困・社会的排除問題の解決にあたっては，こうした EU や韓国の取
り組みを参考にしつつ，当事者や支援にあたる NGO や専門家，研究者
などの関係者も交えた場を設定し，ニーズや希望を反映する形で，早急
に政策をたてる必要がある。

コラム：「世界家族」

　ドイツの社会学者ベック夫妻は，国境を越えた移動が容易になり，グローバルな規模で不平等が拡大する中で「世界家族」が増加し，従来の「家族」概念を揺さぶっていると指摘する（Beck and Beck, 2011）。代表例としてあげられているのは，(1)国際結婚による家族（＝夫婦のどちらかが他国の国籍），(2)外国籍同士の夫婦からなる家族がどちらの出身国でもない国で暮らすケース，(3)途上国から先進国にやって来る国際労働移住女性が母国に残してきた家族である。

　特に，(3)の場合，物理的距離が従来の家族の在り方を大きく揺さぶっているという。日常的な身体接触，日常生活の共有，問題への即時的・直接的対応ができないなどの大きな制約がある。他方，SNSやテレビ電話などを用いたバーチャルなコミュニケーション手段を活用し，遠く離れた家族に自分の暮らしぶりなどを自分で語ることの重要性が増していると指摘する。

　こうした「世界家族」の存在は，自明とされてきた近代的な家族の在り方―家族全員が同じ国籍を持ち，同じ言語を母語とし，共通の民族文化や民族的アイデンティティを持ち，一緒に暮らすことで身体的接触が可能であり，男性が女性よりも家庭内権力を持つ―が，決して自明なものではないことを示している。

謝辞：本研究はJSPS科研費JP15K03880の助成を受けた成果である。

《学習課題》

① 　図14-4を手がかりに，日本ではどのような経済的マージナル化，社会的マージナル化，政治的マージナル化，政治的分極化の問題があるか考えてみよう。

② 　在日外国人が日本社会で暮らすにあたってどのような困難を抱えているのかについて，民族・国籍の違いにも考慮しながら調べてみよう。

引用・参考文献

Abercrombie, Nicholas, Stephen, Hill and Bryan, S. Turner, 2006, *The Penguin Dictionary of Sociology Fifth Edition,* England: Penguin Books

Atkinson, Rob and Simin, Da Voudi, 2000, "The Concept of Social Exclusion in the European Union: Context, Development and Possibilities," *Journal of Common Market Studies,* Vol. 38, No. 3：427-448

Beck, Ulrich and Elisabeth, Beck-Gernsheim, 2011, *Fernliebe: Lebensformen im Globalen Zeitalter,* Berlin：Suhrkamp Verlag（＝2014，伊藤美登里訳『愛は遠く離れて－グローバル時代の「家族」のかたち』岩波書店）

Bhalla, A. S. and F. Lapeyre, 2004, *Poverty and Exclusion in a Global World, 2nd edition,* New York：Palgrave Macmillan（＝2005，福原宏幸・中村健吾監訳『グローバル化と社会的排除－貧困問題と社会問題への新しいアプローチ』昭和堂）

Booth, Charles, 1902-1903, *Life and Labour of the Peoples in London 3rd Edition,* 17 Vols., London: Macmillan

Burchardt, Tania, Julian Le Grand and David Piachaud, 2008, "Degree of Exclusion:Developing A Dynamic Multidimensional Measure," Byrne, David ed. *Social Exclusion: Critical Concepts in Sociology,* UK: Routledge, pp. 373-387

Committee on the Elimination of Racial Discrimination, 2018, *Concluding Observations on the Combined Tenth and Eleventh Periodic Reports of Japan,* CERD/C/JPN/CO/10-11（https://www.mofa.go.jp/mofaj/files/000406781.pdf）

Daly, Mary, 2006, *Social Exclusion as Concept and Policy Template in the European Union,* Center for European Studies Working Paper Series No. 135

European Commission, 2010, *Europe 2020：A European Strategy For Smart. Sustainable and Inclusive Growth,* European Commission（http://ec.europa.eu/eu2020/pdf/COMPLET%20EN%20BARROSO%20%20%20007%20-%20Europe%202020%20-%20EN%20version.pdf）

福原宏幸，2007a，「社会的排除／包摂の現在と展望－パラダイム・『言説』をめぐる議論を中心に」福原宏幸編著『社会的排除／包摂と社会政策』法律文化社，11-39

福原宏幸，2007b，「『社会的排除／包摂』は社会政策のキーワードになりうるか」福原宏幸編著『社会的排除／包摂と社会政策』法律文化社，1-8

「一人ひとりを包摂する社会」特命チーム，2011,『社会的包摂策を進めるための基本的な考え方』首相官邸
（https://www.kantei.go.jp/jp/singi/housetusyakai/kettei/20110531honbun.pdf）

岩間暁子，2016,「韓国における多文化家族支援の実践－韓国移住女性人権センターとウォルゲ総合社会福祉館の活動を通して－」『応用社会学研究』58：341-355

岩田正美，2008,『社会的排除－参加の欠如・不確かな帰属』有斐閣

厚生労働省，2000,『社会的な援護を要する人々に対する社会福祉のあり方に関する検討会報告書』，厚生労働省（https://www.mhlw.go.jp/houdou/2002/01/h0107-3.html）

厚生労働省，2002,『低所得者の新たな生活支援システム検討プロジェクト報告書』厚生労働省（https://www.mhlw.go.jp/houdou/2002/01/h0107-3.html）

厚生労働省，2017a,「平成 28 年 国民生活基礎調査の概況」厚生労働省（https://www.mhlw.go.jp/toukei/saikin/hw/k-tyosa/k-tyosa16/dl/16.pdf）

厚生労働省，2017b,『平成 29 年版厚生労働白書』厚生労働省

厚生労働省，2018,「ひとり親家庭等の支援について平成 30 年 10 月」厚生労働省（https://www.mhlw.go.jp/stf/seisakunitsuite/bunya/kodomo/kodomo_kosodate/boshi-katei/index.html）

小杉礼子，2015,「若手女性に広がる学歴間格差－働き方，賃金，生活意識」小杉礼子・宮本みち子編著『下層化する女性たち－労働と家庭からの排除と貧困』勁草書房，242-252

Levitas, 2006, "The Concept and Measurement of Social Exclusion," in Pantazis, Christina, David, Gordon and Ruth, Levitas eds., *Poverty and Social Exclusion in Britain: The Millennium Survey,* UK: Polity Press, pp. 123-160

Lister, Ruth, 2006, "Social Exclusion," Turner, Bryan S. ed., *The Cambridge Dictionary of Sociology,* Cambridge: Cambridge University Press, pp. 574-575

Millar, Jane, 2008, "Social Exclusion and Social Policy Research: Defining Exclusion," Abrams, Dominic, Julie Christian and David Gordon, *Multidisciplinary Handbook of Social Exclusion Research,* England: John Wiley and Sons, Ltd., pp. 1-15

内閣府，2012,『平成 24 年版男女共同参画白書』内閣府

日本学術会議（社会学委員会・経済学委員会合同委員会合同包摂的な社会政策に関す

る多角的検討分科会），2014,『提言　いまこそ「包摂する社会」の基盤づくりを』日本学術会議（http://www.scj.go.jp/ja/info/kohyo/pdf/kohyo-22-t197-4.pdf）

Rowntree, Seebohm, 1901, *Poverty: A Study of Town Life,* London: Macmillan and Co.

志賀信夫，2016,『貧困理論の再検討－相対的貧困から社会的排除へ』法律文化社

Silver, Hilary, 2007, "Social Exclusion," Ritzer, George ed. *The Blackwell Encyclopedia of Sociology Volume Ⅳ SE-ST,* Oxford: Blackwell Publishing, pp. 4411-4413

総務省，2018,「住民基本台帳に基づく人口，人口動態及び世帯数（平成30年1月1日現在）」総務省（http://www.soumu.go.jp/main_content/000494952.pdf）

田中宏，2013,『在日外国人　第三版－法の壁，心の溝』岩波書店

Townsend, Peter, 1979, *Poverty in the United Kingdom: A Survey of Household Resources and Standards of Living,* Harmondsworth: Penguin Books

15 │ リスク社会の家族と社会的包摂

田間泰子

《**目標＆ポイント**》
① 社会と家族は変動し続けるものであることを，本書で示した具体的な
　データを基にあらためて認識する。
② 未来の社会と家族のあるべき姿を構想する力を身に着ける。
《**キーワード**》 ケアの倫理，社会正義，多様性，社会的包摂，レジリエンス

---

1. リスク社会再考

（1）死と家族

　第二次世界大戦後，政府は社会保障制度を創立するにあたり，国民の
ための「福祉国家」を目指そうとした。理想としたのはイギリスである。
イギリスでは，1942年に『ベヴァリッジ報告書』が刊行され，いわゆる
「ゆりかごから墓場まで」をモットーにして，年金や保健サービスなど
の生涯を通じた社会保険制度の必要性が唱えられていた。

　「ゆりかごから墓場まで」とは，人が生まれる時にゆりかごを準備し，
死ぬ時には墓場を用意するという意味である。それは，まさに家族が人
の一生に果たしてきた役割ではなかろうか。本章の初めに，人生の最後
の出来事である「死」についても，家族とのかかわりを考えることで，
現代日本の家族と社会の課題を捉え直してみたい。

　第2章で述べたように，死は前近代社会において現代よりもはるかに
身近な出来事であった。死に場所は，多くの場合，家だったと考えられ

るが，中世以降，病死は「穢れ」と考えられたため，穢れを避けねばならない宮中などから死亡前に場所を移り，あるいは追い出されたこともあったとの記録がある。また，死体が埋葬されることは支配層では古墳などに古くから見られるが，庶民は河原などに遺棄されることも多かったことが中世の絵巻からうかがわれる。庶民においても家単位で墓を建てて死者を祀るようになるのは，人々の生活が比較的安定してきた江戸時代以降であり，幕府の檀家制度がこれを促進し，家々は墓を継承し祖先を祀るようになった。明治時代になり，死も近代化された。死は生とともに国家に届け出るものとなり，死体の処理のための法律が定められる一方で，民法によって戸主による墳墓の継承が定められたからである。しかし，人々の死に場所は家庭であった。

　第二次世界大戦後，さらなる近代化によって死は家庭から切り離された。第 9 章で述べた誕生の場所の変化と同じように，死に場所も，1951年に自宅での死亡が 82.5%，病院での死亡が 9.1% だったが 1970 年代に逆転して病院での死亡が増えていった（1994 年まで「自宅」に老人ホームでの死亡を含む。）。近年は増加が抑制され，2017 年の時点で自宅 13.2%，病院 73.0% である。アリエス（Philipp Ariès）は，死と人とのこのような関係を，前近代の身近な死，つまり「飼いならされた死」から，近代的な親密な関係性における「汝の死」，さらに衛生観念と医療の進歩のもとで死が病院に囲い込まれ，死に方を選べない「倒立した死」への変化であると述べている（アリエス 1990）。

　だが，現代日本において，死は再び家族の元に戻りつつある。第 3 章・第 7 章・第 12 章・第 13 章で示したように，単独世帯や未婚者が急増しつつあり，それは高齢者にも及んでいる。今後もさらに高齢化しつつ死亡数が出生数を大きく上回って増加することが予測される。少産少死の社会から，少産多死の社会へと変動しつつあるのだ（図 15-1）。

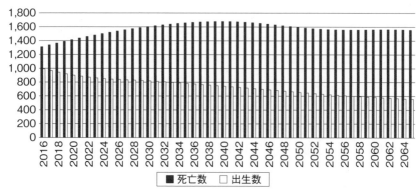

図 15-1　死亡数と出生数の将来推計　（死亡・出生ともに中位，単位千人）
（出典：国立社会保障・人口問題研究所 2017 を基に筆者作成）

　その結果，終末期のケアにおいても死後においても，医療機関にも家族にも頼むことができない事態，また家族がいても家族だけでは担いきれず，医療機関も担いきれない事態が生じている。

　人々は，現在でも6割以上が自宅での死亡を望んでいるが，実際には主として「家族に負担がかかるから」と理由でそれが困難だと考えている（厚生労働省保健局医療課 2018）。自宅で死ぬことができるかどうかについては地域差があるが（図 15-2），いずれにしても人々の希望と大きくかけ離れており，医療機関での死亡が7割から8割と多い。

　今後，医療機関の不足が予測されるため，地域包括ケアシステムを利用した在宅での看取りが政策として展開されつつある。地域社会（地方自治体が設置する地域包括ケアセンターと住民の互助）が家族とともに看取りを担い，あるいは家族がいない場合にも支援を行って，高齢者の尊厳を守りつつ，可能な限り住み慣れた地域でその個人らしい暮らしを続けることを目的とするのである。戦後の近代化の過程で，「家族」は私秘と親密性の壁をつくり，また生と死を医療機関に委ねてきたが，そ

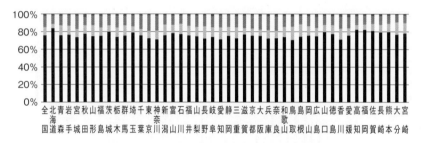

■ 病院・診療所　　その他の施設　■ 自宅　■ その他

図 15-2　全死亡に占める自宅での死亡率 （都道府県別，%）

（出典：厚生労働省『人口動態統計』2016 を基に筆者作成）

の壁を越えて地域と家族で死を支えることができるかどうか。私たちは未来に向けて，新たな社会づくりの取り組みに着手しているといえるだろう。

　死後についても，火葬場の不足が発生している。地域によって死後数日，ときに 1 週間，自宅やホテルで遺体を安置する状況である（図 15-3）。死を看取ったあと，さらに死者とともに過ごすことで，死は，再び私たちが「飼いならさねばならない」ものとなるかもしれない。

（2）時空間からの「脱埋込み」

　さて，ここで注目したい点は，非常に大きな地域格差である。図 15-2 や図 15-3 は，第 2 章で述べた歴史的な地域差とは異なる，新たな地域差が生じていることを示している。人々の日々の生活は地域社会で営まれるので，死もまた，地域社会のありようと深くかかわる。もちろん，死だけでなく，第 11 章に示したひとり親（母子）の親族同居率や，単独世帯率，子育て支援など，家族に関する多くのことがらに地域差が見られる。本書では，すべての章で地域差に言及できたわけではないが，論

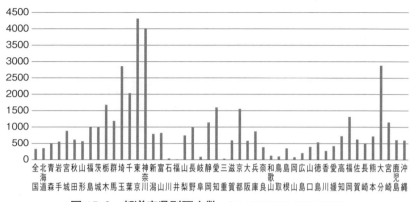

図 15-3　都道府県別死亡数　（1 火葬場あたり/2017 年）

（出典：厚生労働省『衛生行政報告例』2017 および
同『人口動態統計報告』2017 を基に筆者作成）

じてきた家族の変動が私たちの人生とどのようにかかわり合うかについ
て，地域社会の違いを考慮に入れ，丁寧に捉えていく必要がある。

　同時に，私たちが生きる現代は，前近代とは大きく異なっている要素
も持っている。それは，近代になって生じた時空間の「脱埋込み」であ
る（ギデンズ 1993）。「脱埋込み」とは，近代の科学技術や貨幣などの発
達が人々を，前近代の人生を結び付けていた地域の時空間から解放した
ことを指す。例えば大航海時代を機として，陸海空の交通機関の飛躍的
発達は，私たちが世界各地を短時間で移動することを可能にした。その
移動を，世界中で換算可能な通貨が支える。そして，その移動／定住は
親から受け継ぐ身分によって強制されるものでなく，個人の選択が可能
である。近代は，国民国家という形で人や物・情報を国境の中に囲い込
みつつも，生活のあらゆる側面で，前近代的な地域社会への結び付きを
揺るがし，流動化させ，流通させていったのである。

　この動きは，現代ではさらに加速している。ポスト近代社会の特徴は，

近代化が徹底していくことである。特に人々の生活にかかわって実感されるのは，この数十年間に急激に普及したウェブ環境である。今や，通貨も情報も一瞬で国境を越えて世界を駆けめぐる。この発達が，日本では1995年の阪神・淡路大震災をきっかけにしたことは，象徴的である（干川 2006）。平時の地域社会のコミュニケーション手段が機能しなくなったとき，その障がいを乗り越えてコミュニケーションを可能にしたからである。家族という関係にかかわっても，インターネットによるコミュニケーション手段は，相互の日常的な所在確認に使われ，裏返せばその制限や監視によって暴力やいじめの一手段となる。あるいは，身近な家族関係が辛いものであるときや孤独を感じるとき，仮想空間でのバーチャル家族やバーチャル・コミュニティによって私たちは新たな親密圏を持つことができる。さらには，留学や移住労働などの国際移動において，従来であれば遠く故国を離れて生活したものであるが，今やSNSやSKYPEなどによって，家族の関係性は国境を簡単に越えることができる。そして，そのような関係性の持続が，移住先での家族関係の構築への支障となることもある。

　これらの社会的変化は，その流動性の大きさのゆえにリスクや不安とともに語られがちであるが（バウマン 2001），ギデンズが指摘する「信頼」を認識することも重要であろう。なぜなら，個々の場面での選択において影響する個別具体的な確信というよりも，もっと漠然とした，社会のシステムや科学技術，グローバル化した状況への信頼がなにがしか存在することで，現代社会は成立しているからである。人々にとって，現代は漠然とした信頼と不安をともないながら，解放と新たなつながりを可能にする社会となっている。地域の中，家族の中で暮らしながら，あるいは1人で暮らしながら，地域を越えて誰かとつながっている，複雑な社会に私たちは生きている。

2. あらためて，家族とは何かを考える

（1）「ケアの倫理」と家族

このような社会の中で，あらためて家族関係というものを考えてみよう。第14章の議論を手掛かりにすれば，近代とは「機能的欲求」と「アイデンティティ欲求」をともに家族関係の中で充足しようとした時代，ポスト近代とはそれらが切り離されていく時代であるという。言い換えれば，近代は家族に夢を託せた時代，ポスト近代はもはや託せない時代なのかもしれない。

しかし，機能的欲求とアイデンティティ欲求が切り離されうるかといえば，決してそうではない。なぜなら，人々が家族関係を結ぶ選択と決定の基盤には，人間の本質的な依存性とそれに対する応答可能性（responsibility）としてのケアの行為が存在するからである。そして，ケアの行為そのものが，他者からの働きかけに触発された主体の立ち上がりという点において，言葉による呼びかけと同じように，アイデンティティ／承認の欲求を満たすものとなりうるからである（バトラー 2007）。

したがって，第1章で言及したように，「リスク社会と家族変動」という現代的な文脈にくわえて，家族が以前から担ってきたさまざまな機能を，「承認」という必要性をも含め，人々が生きるためのニーズとして考慮せねばならない。

そして，本書は，ポスト近代社会を支える倫理の可能性を，ケアこそが人と人をつなぐ原初的な関係であるという「ケアの倫理」に見いだす（フェダー＝キティ 2010）。この倫理は，「独立し，自立的で，合理的に行為を選択することができる個人」という近代的人間観とは大きく異なる。近代的人間観は，人間の本質的な傷つきやすさ（vulnerability）や，誰かに依存せねば生存できないことを否定的に捉え，独立・自立を理想

とし，依存的存在（子どもや高齢者，病者や障がい者など）とそれをケアする存在の価値を低めた。しかし，依存がすべての人にとって人生の初期において，また多くの人にとって人生の中盤や末期においても不可避なのであれば，それは社会関係として尊重されねばならないし，またその依存性に応えようとする人々の行為も，社会を成立させている重要な社会的行為なのである。

　この関係性を，近代家族の理想のように異性愛の夫婦や実の親子という形の中だけで充足せねばならないという規範は，もはや非現実的であり，日本の家族変動を考えれば不可能である。近代化において，強いジェンダー化（性別分業，第 4 ～ 6 章・第 10 章）とともに作り上げられた日本の家族は，本書の各章で見てきたように，もはやこれを担いきれない。第 13 章で言及されているように「オルタナティブとしての親密圏」，すなわち，より緩やかで血縁や性的関係を超えた親密圏，あるいは地域社会において，またインターネットを介してバーチャルな親密圏や，場合によって市場化されたサービスによって充足せねばならない（本章では親密圏の定義を「具体的な他者の生への配慮／関心を媒体とするある程度持続的な関係性」（齋藤 2008）とする）。したがって，現代までの家族変動と現代家族のありようを学んだあと，考えるべきことは，それら（生活の保障を含め）を充足する社会関係を，これからの日本社会においてどのように構築すべきか，ということである。

（2）家族と人権保障

　日本の家族変動から見えてきた諸課題の，解決の糸口は社会にある。なぜか。それは，そもそも家族というものが，家族だけで成り立っているのではなく，国家の諸制度，労働市場や社会保障，宗教や文化，科学技術や自然環境など，社会の在り方全体の中で形成され，それらの影響

を受けつつ，人々の選択によって変化している社会関係だからである。本書の読者は，戦後日本の家族が，いかに強く労働市場や人口政策や社会保障制度と関連して成立してきたかを，各章を通じて理解したはずである。

　家族は変動する。これを前提として家族の在り方を考えるとき，家族というものが人々のより良い生にいかに資するかどうかを考える，という視点が肝要になる。その理由は何よりもまず，人の傷つきやすさという本質に鑑みて，特にケアやセクシュアリティの持続的な親密さを関係の中心に置く家族は，逆説的ではあるが最も人を傷つけやすい関係でもあるからである。DV や児童虐待，高齢者虐待，嬰児殺，時には一家全員が家族内の弱者の虐待や殺害に加担するといった事態は，この家族関係の特性に原因の一端がある。

　結婚や出産・育児によって家族という関係を作ることが「リスク」だと考えられることの原因の一端も，やはり家族が私たちの人生を傷つけやすい関係だからである。失踪という社会現象を研究した中森（2017）は，失踪した人々と失踪された家族，両者へのインタビューを考察して，家族とは，傷つけやすいにもかかわらず傷つけないという責任を選択している関係なのだと指摘している。

　家族という関係が，変動しつつも，そのような親密な関係性を実践することで人として生きることのニーズを満たすものなのであれば，家族といえども，否，家族という関係にこそ，まず，人権保障というまなざしを向けねばならない。

　それは同時に，前節で述べた「ケアの倫理」というポスト近代的観点から，家族と社会を捉え直すことでもある。この観点から，家族を含めて社会の在り方をより良いものへと変革することは，「社会正義（社会的公正，social justice）」の実現となろう（岡野 2012）。

「社会正義」は、人々がみな等しく人として尊重される権利を有すること、つまり人権の平等を前提として、それを社会は実現せねばならないという考え方である。これは「人権」概念とともに、近代化によって発展せられた。ポスト近代社会と現代家族は、近代化の徹底によって新たな課題を数多く抱えているが、私たちはそれらを解決するために、同じく近代に誕生し彫琢された「人権」や「社会正義」という概念を用いることができる。現代社会の私たちは、多くの素晴らしい遺産をも、近代から受け継いでいる。

3. レジリエンス・多様性の尊重・社会的包摂

前節で、家族と社会を考えるために必要な視点について述べた。本章の最後に、私たちが現実に生きる地域社会に再び戻り、リスク社会における家族変動を乗り越えてより良い生を実現する方策を考えよう。

その手掛かりは、私たち自身と社会が持つレジリエンスにある。レジリエンス（resilience）とは、何らかの負荷に抗して回復する力、復元する力を意味する。生きていれば、誰しも、乗り越えなければならない課題や困難に幾度となく直面する。レジリエンスとは、そのような苦しい状況があったとしても、それを乗り越えて生きていく力のことであり、近年、DVや虐待のようなトラウマ（心的外傷、trauma）や、また災害からのコミュニティの復興において、用いられるようになった概念である（奈良・稲村 2018）。家族という関係を考えるため、人の傷つきやすさに言及してきたが、人が持っているものはそれだけではないのだ。

レジリエンスという力から社会関係を考えた場合、これまで依存性として表現してきた関係は、他者からの応答可能性を引き出すことで生きていくということ、逆に応答する者の立場に立てば、応答することで自らも関係性を生きていくことである。この点に、親密圏が人を支える根

源がある。

　しかし，家族，あるいはオルタナティブとしての親密圏が人を支える
ものであるためには，上述したように個々人が互いに人として尊重され
ていなければならない。それによってこそ，自己および他者との関係性
への信頼，そして社会への漠然とした信頼が築かれうる。そして，個々
人が人として尊重されるということは，一人ひとりの多様性を尊重する
ことでもある。多様性は，人々の個性と，セクシュアリティや性自認，
年齢，障がいやエスニシティ，職業経験など，多くの側面から構成され，
その多様性自体も，人生の経験とともに変容していくだろう。そのよう
な多様な一人ひとり，つまり「個人と個人とのそれぞれユニークな関係
を基盤」とする家族は（目黒 1987），日々の実践によって維持され，変
化していく関係性なのである。

　また，社会関係は緊密であればよいわけではない。ネットワーク研究
によれば，ネットワークには，強い紐帯のネットワークと緩やかなネッ
トワーク，排他性を持つネットワークと開放的なネットワークなど，特
性と長所短所がある（野沢編・監訳 2006）。人は通常，個々に家族以外
の社会関係を持ちつつ，生活を営む。家族という関係の中にいる個々人
を，地域の社会関係の中，あるいは身近な地域を超えた社会関係の中に
置いて見ることで，家族のつながりが果たすものが何なのか，家族では
ない親密圏が何をもたらしてくれているのか，また，地域のつながりが
どのように保たれているのかが見えてくるはずである。本書は，現代社
会がリスク社会であることを前提として家族変動を論じてきたが，目指
したい社会は，近代化によって析出されてしまった個人を孤独に置くこ
となく，多様性を尊重しつつ，しなやかにつながり共に生きてゆく社会
である。家族という関係を生きることが，そのような社会的包摂（social
inclusion）の大切な一部として営まれることを望む。

コラム：国際結婚／国際離婚

　日本では，他国籍の人との結婚を「国際結婚」と表現する。この表現は，日本が近代国家を形成した明治時代に，大日本帝国の国民と他国民との結婚として創られた（嘉本 2001）。国際結婚によって生まれた子どもは，戸籍制度の父系血統優先主義をながらく踏襲し，父親が日本国籍の場合のみ日本国籍を得ていたが，1985 年になってようやく母親が日本国籍の場合にも取得できるようになった。現代では，在留資格を持つ外国籍人口は 200 万人を超えているが，総人口の 2 ％に満たない。結婚の約 5 ％が国際結婚で，それによる出生は全出生の約 2 ％だが，離婚においては約 7 ％を占める（国立社会保障・人口問題研究所編 2018）。移民政策を持たないといわれる日本であるが（髙谷 2017），国際離婚後のひとり親世帯の社会的包摂は，これからの日本にとって重要な課題の一つである。

《学習課題》

①　家族や友人と各自のネットワークを描き合い，その重なり具合，地域社会とのつながりかたの共通点や違いを検討してみよう。

②　地域を 1 つ選び，育児や介護などのテーマを定めて，家族をめぐってどのような支援ネットワークが存在するかを調べよう。さらに別の地域を選び，地域比較してみるのもよい。

引用・参考文献

アリエス，フィリップ，1990，『死を前にした人間』成瀬駒男訳，みすず書房

バウマン，ジグムント，2001，『リキッド・モダニティ―液状化する社会』森田典正訳，大月書店

バトラー，ジュディス，2007，『生のあやうさ―哀悼と暴力の政治学』本橋哲也訳，以文社

フェダー＝キテイ，エヴァ，2010，『愛の労働　あるいは依存とケアの正義論』岡野八代・牟田和恵監訳，白澤社

ギデンズ，A. 1993，『近代とはいかなる時代か？─モダニティの帰結』松尾精文・小幡正敏訳，而立書房

干川剛史，2006，『デジタル・ネットワーキングの社会学』晃洋書房

嘉本伊都子，2001，『国際結婚の誕生─「文明国日本」への道』新曜社

国立社会保障・人口問題研究所編，2018，『日本の人口　日本と世界─人口統計資料集 2018』厚生労働統計協会

厚生労働省保健局医療課，2018，『【テーマ 1】　看取り　参考資料』
　https://www.mhlw.go.jp/file/05-Shingikai-12404000-Hokenkyoku-Iryouka/0000156003.pdf/

目黒依子，1987，『個人化する家族』勁草書房

中森弘樹，2017，『失踪の社会学─親密性と責任をめぐる諸論』慶應義塾大学出版会

奈良由美子・稲村哲也，2018，『レジリエンスの諸相─人類史的視点からの挑戦』放送大学教育振興会

野沢慎司編・監訳，2006，『リーディングス　ネットワーク論─家族・コミュニティ・社会関係資本』勁草書房

岡野八代，2012，『フェミニズムの政治学─ケアの倫理をグローバル社会へ』みすず書房

齋藤純一，2008，『政治と複数性─民主的な公共性に向けて』岩波書店

髙谷幸，2017，『追放と抵抗のポリティクス─戦後日本の境界と非正規移民』ナカニシヤ出版

索引

●配列は五十音順。＊は人名を示す。

分担執筆者紹介

稲葉　昭英（いなば・あきひで）

・執筆章→ 3・11・12

1962 年	千葉県生まれ
1985 年	慶應義塾大学文学部人間関係学科卒業
1989 年	東京都立大学大学院社会科学研究科社会学専攻博士課程中退
現在	慶應義塾大学教授
専攻	家族社会学，計量社会学
主な著書	『日本の家族　1999-2009：全国家族調査［NFRJ］による計量社会学』（共編著，東京大学出版会，2016 年） 『社会福祉研究法』（共編著，有斐閣，2006 年） 『現代家族の構造と変容：全国家族調査（NFRJ98）による計量分析』（共編著，東京大学出版会，2004 年） 『SAS プログラミングの基礎』（第 2 版 V8.2 以降対応）（共編著，ハーベスト社，2004 年）

山田　和代（やまだ・かずよ）

・執筆章→ 4・5

1997 年	筑波大学大学院社会科学研究科博士課程単位取得退学
現在	滋賀大学経済学部教授
専攻	日本労働史
主な著書	『労働再審 3　女性と労働』（共編著，大月書店，2011 年）
	『よくわかるジェンダー・スタディーズ』（共著，ミネルヴァ書房，2013 年）
	『同一価値労働同一賃金原則の実施システム』（共著，有斐閣，2010 年）

筒井　淳也(つつい・じゅんや)
・執筆章→ 6・7・10

1970 年	福岡県生まれ
1993 年	一橋大学社会学部卒業
1999 年	一橋大学大学院社会学研究科博士課程後期課程満期退学
	（博士(社会学))
現在	立命館大学教授
専攻	家族社会学，計量社会学
主な著書	『仕事と家族』(中央公論新社，2015 年)
	『結婚と家族のこれから』(光文社新書，2016 年)
	『社会学入門』(共著，有斐閣，2017 年)

岩間　暁子（いわま・あきこ）

1968 年	北海道生まれ
1991 年	北海道大学文学部行動科学科卒業
1996 年	北海道大学大学院文学研究科博士後期課程単位取得退学（博士（文学））
現在	立教大学教授，日本学術会議連携会員
専攻	家族社会学・社会階層論・マイノリティ研究
主な著書	『問いからはじめる家族社会学 – 多様化する家族の包摂に向けて』（共著，有斐閣，2015 年） 『女性の就業と家族のゆくえ – 格差社会のなかの変容』（東京大学出版会，2008 年） 『マイノリティとは何か – 概念と政策の比較社会学』（共編著，ミネルヴァ書房，2007 年）

編著者紹介

田間　泰子(たま・やすこ)
——————————————————————— ・執筆章→1・2・8・9・15

1956 年	大阪府生まれ
1984 年	京都大学文学部哲学科卒業
1990 年	京都大学大学院文学研究科社会学専攻博士課程単位取得満期退学
現在	大阪府立大学教授，博士（文学）
専攻	家族社会学・ジェンダー論
主な著書	『母性愛という制度—子殺しと中絶のポリティクス』（勁草書房，2001 年） 『「近代家族」とボディ・ポリティクス』（世界思想社，2006 年） 『リスク社会のライフデザイン』（共著，宮本みち子・岩上真珠編，放送大学教育振興会，2014 年） 『問いからはじめる家族社会学—多様化する家族の包摂に向けて』（共著，有斐閣，2015 年） 『岩波講座日本歴史 19　近現代 5』（共著，岩波書店，2015 年） 『産み育てと助産の歴史—近代化の 200 年をふりかえる』（共著，白井千晶編，医学書院，2016 年） 『よくわかる家族社会学』（共著，西野理子・米村千代編，ミネルヴァ書房，2019 年） 『シリーズ・家族研究の最前線 4　人口政策の比較史』（共著，日本経済評論社，2019 年）

放送大学教材　1519239-1-2011（ラジオ）

リスク社会の家族変動

発　行　　2020 年 3 月 20 日　第 1 刷

編著者　　田間泰子

発行所　　一般財団法人　放送大学教育振興会

　　　　　〒 105-0001　東京都港区虎ノ門 1-14-1　郵政福祉琴平ビル

　　　　　電話 03（3502）2750

Printed in Japan　ISBN978-4-595-32194-8　C1336